PHILIPPE MADRE

Deus
CURA...
HOJE

Dados Internacionais de Catalogação na Publicação (CIP)
(Câmara Brasileira do Livro, SP, Brasil)

Madre, Philippe
   Deus cura – hoje / Philippe Madre ; [tradução Jaime A.
Clasen]. – 1. ed. – São Paulo : Paulinas, 2008 – (Coleção
sede de Deus)

   Título original : Dieu guérit – aujourd' hui.
   ISBN 978-85-356-2083-2
   ISBN 2-84024-180-3 (ed. original)

   1. Cura – Aspectos religiosos – Cristianismo 2. Cura
espiritual 3. Vida cristã I. Título. II Série.

07-6129   CDD-243.131

Índice para catálogo sistemático:
1. Cura : Graças espirituais : Cristianismo 243.131

Título original: *Dieu guérit ... aujourd'hui*
© Editions des Béatitudes, Burtin, 2002

Direção-geral:	*Flávia Reginatto*
Editora responsável:	*Vera Ivanise Bombonatto*
Tradução:	*Jaime A. Clasen*
Copidesque:	*Cirano Dias Pelin*
Coordenação de revisão:	*Marina Mendonça*
Revisão:	*Leonilda Menossi e Ruth M. Kluska*
Direção de arte:	*Irma Cipriani*
Gerente de produção:	*Felício Calegaro Neto*
Capa e projeto gráfico:	*Telma Custódio*
Editoração eletrônica:	*Fama Editora*

*Nenhuma parte desta obra poderá ser reproduzida ou transmitida
por qualquer forma e/ou quaisquer meios (eletrônico ou mecânico,
incluindo fotocópia e gravação) ou arquivada em qualquer sistema ou
banco de dados sem permissão escrita da Editora. Direitos reservados.*

Paulinas
Rua Pedro de Toledo, 164
04039-000 – São Paulo – SP (Brasil)
Tel.: (11) 2125-3549 – Fax: (11) 2125-3548
http://www.paulinas.org.br – editora@paulinas.com.br
Telemarketing e SAC: 0800-7010081
© Pia Sociedade Filhas de São Paulo – São Paulo, 2008

*Em homenagem ao padre Emiliano Tardif.
Em ação de graças por tudo o que seu ministério
carismático deu à Igreja da parte de Deus.*

Prefácio

Na sua encíclica *Evangelii nuntiandi*, o papa Paulo VI escrevia que "a Igreja vive para evangelizar". É por isso que evangelizar não é somente a tarefa principal da Igreja, mas a única tarefa que resume sua essência e sua vocação neste mundo.

Entretanto a evangelização não se reduz à comunicação de uma mensagem; ela é a instauração do Reino dos Céus neste mundo. E isto inclui necessariamente tornar Jesus Cristo presente em todos os domínios da vida humana.

São Lucas, no livro dos Atos dos Apóstolos, atesta que com muito poder os apóstolos davam testemunho da ressurreição do Senhor Jesus (At 4,33). Pode-se evangelizar com poder ou, infelizmente, sem ele. Que é que faz a diferença?

O livro dos Atos dos Apóstolos oferece a resposta nas duas passagens que estão imediatamente antes dessa afirmação:

- o milagre da cura do coxo que estava à porta do Templo de Jerusalém chamada Formosa;

- a segunda efusão do Espírito Santo, quando a Igreja solicita a *dynamis* (poder de realizar prodígios e milagres) e a *parresia* (liberdade e convicção) para evangelizar.

No Plano de Deus, o anúncio da morte do Senhor Jesus e a proclamação de sua ressurreição estão ligados aos sinais de poder que mostram que o Senhor Jesus, que morreu por nós na cruz, ressuscitou e vive.

Os sinais, prodígios, milagres e curas não são simples acessórios da evangelização, mas são formas diversas dela, pois mostram que o Senhor ressuscitou. Tampouco são facultativos; considerá-los como tais seria trair o Plano de Deus. Temos, menos ainda, o direito de reduzi-los aos primeiros anos da vida da Igreja, porque não há arrependimento para os dons de Deus.

Em certas ocasiões, os sinais acompanham a pregação, como é o caso do paralítico que desceram pelo telhado da casa em que Jesus falava a Palavra (Mc 2,1-12). Noutros momentos, precedem a pregação, e isso como uma mais-valia que rende conversões em grande número, como é o caso por ocasião da cura do paralítico da porta Formosa, quando 2 mil pessoas se converteram. Certo dia, ouvi padre Emiliano Tardif comentar essa passagem dizendo: "Pedro, com uma só pregação e uma só cura, converteu 2 mil pessoas. Nós, com 2 mil pregações, não convertemos ninguém. A diferença está no poder do Espírito que mostra que Jesus está vivo".

Este livro de Philippe Madre apresenta exatamente tal aspecto que nem sempre esteve claro na pregação do Evangelho em nossa Igreja. Como Pedro dizia no Templo de Jerusalém, "por que nos admirar do que aconteceu?" (At 3,12). Porque esses sinais fazem parte integrante do anúncio do Evangelho. O que é estranho não é que existem, o que seria anormal é que tivessem desaparecido da tarefa de evangelizar. Tampouco se trata de atribuí-los a uma pessoa em particular, porque são obra de Deus, que ama seus filhos e, porque os ama, os cura por seu amor.

Deus cura... hoje seus filhos como sinal de seu amor porque, graças às chagas de Jesus na cruz, somos curados de nossos sofrimentos e de nossas enfermidades. São sempre sinal de seu amor por nós, ele que deu a maior prova de amor que existe ao oferecer a sua vida por aqueles que ama.

Deus cura... hoje porque Deus é amor e tudo o que faz faz por amor e com amor. Seu amor é terapêutico: uma falta neste campo pode ser causa de tantas enfermidades psicológicas e de males físicos que atormentam a humanidade.

Philippe Madre, que em tantos escritos seus já se revelou como mestre e em outros como pastor, toma hoje o papel de testemunha e relata uma cascata de curas que Deus realiza no meio de seu povo para mostrar, mais uma vez, que Deus não mudou a metodologia que Jesus tinha no Evangelho, onde proclamava, ensinava e curava.

Durante 20 anos tive a graça de pregar nos cinco continentes com padre Emiliano Tardif, a quem Deus oferecera o dom da cura. Várias vezes ouvi padre Emiliano dizer que ninguém tem o direito de reduzir o Evangelho ocultando as curas porque elas não lhe agradam. Não se trata disso. Quer nos agradem, quer não, elas simplesmente entram no Plano de Deus.

O mundo de hoje tem necessidade, mais do que nunca, desses sinais do amor de Deus. Ele já sofre tanto que não há necessidade de anunciar-lhe a cruz, e sim o poder da cruz. Não é o sofrimento que salva. Jesus já remiu o sofrimento carregando todas as nossas dores e todas as nossas doenças.

A Igreja, por sua vez, está diante de um desafio perante o mundo: mostrar que ela tem o mesmo poder que o seu Senhor e Mestre para anunciar a Boa-Nova e curar os enfermos.

Estas páginas nos mostram que o poder do Espírito não diminuiu na Igreja e que Jesus Cristo é o mesmo ontem, hoje e sempre e em todas as latitudes.

Estamos diante de páginas que nos mostram que o evangelho de Nosso Senhor Jesus Cristo continua a ser proclamado no poder do Espírito.

José H. Prado Flores
Guadalajara, México

1

Deus "ainda" cura...?

Maria José, profundamente emocionada, pega o microfone e balbucia, mais do que anuncia, diante dos 5 mil pares de olhos fixos nela:

"Vim a esta celebração rezar pelos doentes com muito medo. Além disso, cheguei atrasada. Era impressionante ver toda esta gente cantando os louvores do Senhor. Vocês me viram passar numa cadeira de rodas, empurrada por minha amiga... Tenho 26 anos e estava totalmente paralisada das pernas desde os dois anos, por causa de uma grave queda num poço. Levaram um dia para me encontrar... as formigas tinham começado a devorar-me e eu não podia fazer nada. Os médicos tinham-me dito que não poderia mais andar normalmente porque a medula espinal fora seccionada. Mas estou aqui diante de vocês, estou de pé e começo a andar..."

Maria José dá alguns passos diante de todos, primeiro hesitante. Eu estava do lado dela e ouvi-a murmurar: "Tenho medo, Senhor, ajuda-me". Ela anda com mais determinação e avança, cada vez mais sólida sobre suas pernas, inertes alguns minutos antes.

"De que você tem medo?"

"Não sei, mas tenho", responde ela ao meu ouvido, com lágrimas de emoção nos olhos.

"Continue a andar e invoque o nome de Jesus em seu coração, não preste atenção à multidão que nos cerca... É com Deus que você tem encontro hoje."

Maria José, de pé, andando, olha espantada para suas pernas, que "obedecem" à sua vontade de andar, como para assegurar-se de que não está sonhando. Ela caminha uma centena de metros, sozinha, sem apoio; as pessoas prendem a respiração. Finalmente, ela pega de novo o microfone para exclamar na presença de todos: "Obrigada ao Cristo ressuscitado!".

Esse testemunho foi dado no dia 15 de janeiro de 2001 no sul da Ilha da Reunião, no final de uma celebração de oração pelos doentes, organizada pela Renovação Carismática local. A multidão estava alegre. Outras pessoas vieram dar o seu testemunho: cura física ou de ordem psíquica, reconciliação, pacificação diante de um acontecimento antigo doloroso, conversão a Cristo...

"Um acontecimento fora do comum, digno dos Atos dos Apóstolos", os jornalistas puderam comentar...

"Fora do comum"?

De fato, não! As curas recebidas como fruto de uma oração de intercessão de um grupo ou de uma multidão são abundantes, entre outros na Renovação Carismática, em muitos países do mundo. Tive o privilégio pessoal de viajar freqüentemente e de me reunir com esses grupos carismáticos ou essas grandes reuniões de oração, cá e lá, nos cinco continentes, às vezes de juntar-me à sua oração, até reanimá-la a pedido deles. Meu testemunho — de diácono, médico e... orante — é que é bastante raro não constatar nenhum fruto visível da oração de cura, sejam esses frutos imediatos ou um pouco mais tardios.

Nem sempre tão "retumbantes" como o de Maria José; no entanto os testemunhos são numerosos e contribuem claramente para fortalecer a fé em muitos crentes... e para interpelar tantas pessoas que buscam a Deus, freqüentemente ávidas de verdades "individuais", de "verdades para si"... mas, de fato, ávidas da Verdade!

O importante é entender bem a noção de cura, a qual não é somente — nem em primeiro lugar — de estilo miraculoso, nem mesmo sensacional. As curas de tipo mais afetivo obtidas de Deus pela oração de fé nos grupos ou nas grandes assembléias são incontáveis: quando uma angústia de morte se levanta subitamente após anos de impacto opressivo, não se pode falar de cura? Do mesmo modo, quando um casal, à beira da separação definitiva, se "une de novo" mais fortemente que nas primeiras horas, ou quando uma pessoa dependente da droga ou do álcool se encontra totalmente libertada em alguns minutos, não se pode falar de cura pelo poder da oração?

As curas de ordem mais espiritual existem igualmente. Quando um homem encontra o caminho da Igreja ou se sente chamado a confessar seu pecado porque, profundamente revoltado, não tinha visto um sacerdote havia 20 anos, pode-se ousar falar de cura? Quando uma existência inteira, até então mergulhada na aflição ou em trevas de muitos aspectos, passa repentinamente para um desejo irresistível de seguir a Cristo, não se trataria de cura?

Os exemplos se multiplicam segundo as histórias humanas visitadas sensivelmente pela ternura de Deus.

A cura física, embora não seja, evidentemente, a mais importante, manifesta mais claramente o próprio sentido das curas realizadas por Cristo em resposta à oração do cristão; e o testemunho de Maria José está aí para convencer-nos. Ao se libertar da noção tradicional de milagre, assim como se encontra ainda em vigor em Lourdes, por exemplo,[1] os sinais de cura física que se colocam nas doenças mais ou menos graves são muito mais freqüentes do que se poderia supor *a priori*. Por minha vez, tive a ocasião de verificar medicamente a cura real (e não apenas a remissão) de várias centenas de doenças com índices de gravidade muito variados: desde os problemas alérgicos penosos até cânceres irreversíveis, passando pelas paralisias multiformes dos membros (ou do corpo

---

[1] Com seus critérios médico-científicos e eclesiásticos rigorosos e específicos.

inteiro), cegueiras, surdezes, poliartrites ou afecções cardíacas de prognóstico sombrio...

De modo que se pode afirmar sem demagogia que os Atos dos Apóstolos se prolongam entre nós até os dias de hoje... pelo menos com relação aos fenômenos de cura.

Um monopólio da Renovação Carismática?

Às vezes se objeta que este tipo de manifestação é o apanágio da Renovação Carismática no mundo, história para evitar o que o Senhor da vida teria a dizer a todos através dessas curas mais ou menos visíveis ou surpreendentes. É verdade que esses fenômenos ocorrem mais comumente na Renovação, a qual é muitas vezes criticada por essa atração pelo maravilhoso, que, às vezes, impregna — é preciso reconhecê-lo! — a oração carismática.

A Renovação no Espírito nunca desejou afundar num chamado elitismo espiritual em que o "sensacional" se tornaria o seu monopólio. Antes, pelo contrário, a Renovação atrai notoriamente os pobres, doentes, os "machucados pela vida", e estes últimos encontram nos grupos de oração uma atmosfera de acolhimento e de calor humano digno de uma "segunda casa"... tanto mais se a primeira "casa" nunca existiu ou desapareceu faz tempo. Assim, de fato, mas não exclusivamente, a Renovação Carismática é particularmente sensível à dimensão de compaixão do amor de Deus. Inclinar-se sobre a aflição do ser humano para estar perto dele na caridade é um dos traços da vocação dessa Renovação pentecostal que perpassa a Igreja há cerca de trinta anos.

Que há de espantoso, então, se ela se sente preocupada com todas as pessoas que sofrem? Tanto mais porque uma outra característica dessa Renovação é a redescoberta da oração: oração pessoal e oração comum, especialmente na ordem do louvor. É assim que os carismas de muitos rostos podem surgir, em ligação com o dinamismo espiritual dos cristãos. Orar pelos doentes, com essa confiança de que Deus pode concretamente intervir na sua existência, torna-se, então, possível e até "natural".

Enfim — e sua dimensão de compaixão está lá para atestá-lo —, a Renovação Carismática se sente uma alma missionária, ou, mais globalmente, uma graça para a evangelização, para o anúncio multiforme da Boa-Nova, e é o mais das vezes neste contexto que se vive a "oração para obter de Deus a cura", como a designa o documento da Congregação para a Doutrina da Fé.[2]

Esta era a pedagogia de Cristo há 2 mil anos, segundo os evangelhos, a saber: realizar curas para suscitar nos corações a sede e a busca do amor do Pai. Sua "estratégia" atual não mudou, mesmo se as formas ou as modalidades da cura divina evoluíram.

Mas tal estratégia de amor não é só da Renovação Carismática. Pertence a toda a Igreja, como os testemunhos seguintes pretendem mostrar.

Em maio de 1996, fui convidado pela Igreja da Polônia para animar um dia de ensino e de oração para todos os católicos (e outros crentes, até não-crentes) em Chestokowa, grande santuário mariano conhecido no mundo inteiro, na presença de alguns bispos e de um número importante de sacerdotes. Tinham vindo pessoas de todo o país, e a multidão reunida na esplanada não era inferior a 150 mil pessoas. É verdade, a participação da Renovação polonesa era grande nesse dia, mas a grande maioria das pessoas não se rotulava, absolutamente, como "carismáticos". O conjunto do Povo de Deus, na grande diversidade de suas sensibilidades, é que se deslocara para a ocasião e rezava com fervor.

Os ensinamentos versavam sobre a cura de todo ser humano e sobre o chamado de Deus... Isto é tão verdadeiro que, na pedagogia do amor divino, não se pode dissociar radicalmente esses dois grandes movimentos da graça. A

---

[2] *Instrução sobre as orações para obter de Deus a cura*, publicada pelo Vaticano no dia 23 de novembro de 2000.

atenção da multidão era impressionante e se poderia ouvir uma mosca voar! Vários padres, depois, me disseram que a maioria das pessoas presentes nesse dia em Chestokowa ignorava que Cristo podia concretamente visitar hoje a sua existência, aliviar, pacificar, até curar os doentes e fazer, sensivelmente, misericórdia. Do mesmo modo, a maioria tinha uma consciência muito pequena de serem portadores, como todo batizado, de uma vocação, sinal da confiança tão grande que Cristo queria testemunhar a eles.

Durante a celebração eucarística da tarde, quando foram convidados a receber pessoalmente a graça divina, a deixar que se desenvolvesse neles o dom de Deus, o clima de oração e de louvor se tornou intenso, apesar da densidade da multidão, na qual os jovens eram a grande maioria. Depois da missa, quando já estava escuro, uma oração de cura foi proposta e vivemos um momento inesquecível. Pediram-me que "pronunciasse" uma oração para os doentes, e não precisei falar-lhes longamente para introduzir todas essas pessoas na confiança no poder de Deus.

Mal eu tinha começado a falar e se produziram "espontaneamente" sinais de cura por toda parte, despertando cada vez entusiasmo e ação de graças de uma parte da multidão em volta. Aqui, um paraplégico começava a andar, e os que o cercavam, testemunhas da ação do Senhor, cantavam seus louvores. Lá, um cego passava a ver e a alegria se manifestava em volta dele. Acolá, ainda, uma pessoa que sofria de artrose incapacitadora dava testemunho de uma libertação súbita no seu corpo... e em volta dela brotava um canto de louvor inspirado... nos lábios que não eram especialmente "carismáticos". Muitos simplesmente se punham de joelhos vivendo o instante de uma graça de cura afetiva ou espiritual e desejando acolhê-la num fervor interior renovado.

Podia-se, assim, desde o palanque erguido na esplanada em que essas dezenas de milhares de homens, mulheres e crianças estavam reunidos, acompanhar "de perto" a ação do Espírito Santo. Bastava olhar os muitos lugares de louvor e, às vezes, de aplauso (legítimos para o Senhor!), no seio da multidão e deixar-se maravilhar pelas obras de Deus. Então, formou-se uma grande fila de pessoas que vinham espontaneamente ao palanque prestar seu testemunho, enquanto os sinais de cura continuavam a surgir na assembléia. Vivemos ainda, na presença do Deus Vivo, um acontecimento digno dos Atos dos Apóstolos. Não era a Renovação Carismática que se beneficiava com isso, mas o Povo de Deus, nem mais nem menos.

A oração pelos enfermos teve finalmente de ser encurtada porque os testemunhos eram numerosos demais e a noite — ainda fria naquela época do ano — chegava. O louvor da multidão poderia ter-se prolongado durante horas, tal era a grande alegria de ter experimentado a presença do Senhor ressuscitado e o poder da oração.

Um piscar de olhos da Providência me foi dirigido recentemente ao passar por um mosteiro contemplativo. Uma jovem freira de origem polonesa, que entrara recentemente no postulado, me reconheceu e me deu este breve testemunho, cerca de cinco anos depois do acontecido:

"Naquele dia eu estava em Chestokowa com minha mãe. Foi então que recebi o chamado de me dar inteiramente ao Senhor. Minha mãe tinha um problema cardíaco grave e foi totalmente curada em alguns minutos, e ela nem sequer sabia que hoje se pode orar pelos enfermos! Foi um choque para ela e para mim. Recebo regularmente notícias dela. Cinco anos depois, a cura foi confirmada. Bendito seja o nosso Deus!"

É JESUS QUEM CURA!

O padre Tardif escreveu um livro (entre outros) intitulado *Jesus fez de mim uma testemunha*. Conhecemos, sem dúvida, o carisma de cura autêntico e tão fecundo que Emiliano exerceu durante mais de 20 anos nos cinco continentes, a chamado das igrejas locais e para proclamar que Jesus é o Senhor. Lembramo-nos dos numerosos sinais de cura que o Espírito Santo operava nos doentes em muitas assembléias de oração que ele animava pelo mundo afora. Seu "ministério carismático", muitas vezes acrescido do carisma do conhecimento,[3] era tão cheio de frutos que vários correram o risco de esquecer que é Cristo — e só ele — quem dá a graça da cura, seja ela qual for, e que aquele que é o depositário de um carisma reconhecido é apenas servidor da graça. Padre Tardif, independentemente da percepção que ele tinha de seu ministério, evangelizava especialmente pela oração de cura, rejeitando ao mesmo tempo a confusão. A sua exclamação preferida, em público, diante das multidões que vinham rezar, era: "É Jesus quem cura!". E ele estava persuadido disso... com razão.

Uma coisa é tranqüilizar (-se) intelectualmente lembrando o princípio teológico de base que apresenta Deus como o Autor da cura, em resposta à oração dos crentes; uma outra é experimentar esse mesmo princípio no dia-a-dia de sua vida. O centro da existência de Emiliano era habitado permanentemente por essa evidência, a qual só pode provocar a humildade, bem como uma grande familiaridade na oração com o Cristo vivo.

De modo que Tardif sabia que era testemunha — uma simples testemunha — das obras do Senhor, por isso ele podia falar disso para evangelizar, para edificar, para "entusiasmar", para maravilhar os corações diante de Deus. Nada a ver com uma publicidade qualquer que incita a recorrer a uma espécie de "poder pessoal de cura", mesmo que venha de Deus.

Ele e eu muitas vezes compartilhamos a animação de uma celebração de oração pelos doentes em diversos países do mundo e aprendi muito da parte da Misericórdia Divina (que cura) através dessa "colaboração" ocasional, sempre enraizada numa

---

[3] Voltaremos a este carisma ulteriormente.

relação de comunhão mútua profunda numa complementaridade de carismas.

Em fevereiro de 1985, fomos os dois convidados para uma grande reunião carismática em Montreal, Canadá. A reunião realizou-se num estádio de hóquei sobre gelo com capacidade para 20 mil pessoas. Detalhe original: o palanque de animação fora montado sobre o próprio gelo, e durante as quatro horas que durou a oração de cura o frio do chão contrastava com o calor (em todos os sentidos do termo) do ambiente de oração dessa assembléia. No entanto o espírito de oração tinha dificuldade de jorrar, como se chapas invisíveis de chumbo cobrissem a multidão. Mas à primeira palavra de conhecimento imediato confirmado — tratava-se de uma mulher de 35 anos que tinha uma doença grave da pele, uma psoríase importante — as "comportas do céu" começaram a abrir-se. Essa mulher foi curada em alguns minutos, e seu testemunho foi imediatamente dado diante da multidão, cuja letargia aparente explodiu para dar graças ao Senhor e tornar-se atenta aos dons que a misericórdia de Deus derramava sobre um grande número.

Meia hora mais tarde, o sopro do Espírito era tão "palpável" no meio dessa assembléia que Emiliano e eu tínhamos a impressão de sermos atendidos em tudo o que pedíamos. Estou bem consciente de que uma tal análise poderia prestar-se a confusão, como se nós tivéssemos algum tipo de domínio sobre a vontade divina. Isto seria, certamente, uma ilusão e um orgulho lamentável. Todavia é preciso reconhecer que foi assim que vivemos aquele instante, mas tomando consciência, progressivamente, de que, ao contrário, era o Espírito Santo que inspirava o nosso coração, naquele instante, o que convinha pedir a Deus. Certamente, foi uma das mais belas experiências de docilidade ao Espírito que nos foi dado viver, no tocante à oração de cura.

Num certo momento, Emiliano me sussurrou ao ouvido: "Tenho a forte convicção de que o Senhor quer curar pessoas paralisadas de uma perna".

"Tenho a mesma convicção", respondi.

"É do lado direito, não é?"

"Eu acho que é do lado esquerdo!"

Nós conhecíamos os meandros delicados da expressão do carisma do conhecimento, que convém exercer com prudência e discernimento. Visto o clima de oração da multidão nas arquibancadas (pouco preocupada com o chão gelado do estádio), oramos pelas pessoas (a quem não víamos) acometidas de paralisia de uma perna, sem precisar o lado, ou, antes, esperando que o Senhor tocasse doentes paralisados, fosse à direita, fosse à esquerda.

Em cinco minutos, uns 20 homens e mulheres avançaram para o pódio, andando normalmente, para dar testemunho de sua cura quase repentina. Alguns levavam até o altar, em sinal de ação de graças, suas muletas ou bengalas, que se tinham tornado inúteis... Quando fizemos um pequeno balanço, descobrimos nos divertindo porque dez estavam curados da perna direita, e dez da perna esquerda. Deus tem o senso de humor até na expressão dos carismas!

Gostaria de situar-me nesta obra como padre Tardif desejaria fazer na sua: constituir-se testemunha das maravilhas de cura do Senhor através de numerosas e verídicas histórias de intervenção concreta de Deus numa vida, numa existência minada por uma forma ou outra de sofrimento. Gostaria de recolher esses fatos, por ocasião de reuniões de oração pelos doentes, de retiros espirituais ou de encontros pessoais, incluindo um tempo de oração de fé. Aqui se trata de afirmar e testemunhar — com padre Tardif — que "é só Jesus quem cura", e, mais ainda, que "Jesus cura — ou quer 'curar ainda' — hoje!"

Não gostaria de entregar-me, aqui, a um discurso teórico sobre a graça da cura. Minha única meta é devolver confiança no poder da oração, sob a condição de que esta seja "justa", autêntica, e repouse num chamado real do Espírito Santo, o qual deseja fazer-se ator da misericórdia divina em nossas vidas.

Meu louvor quer ser simples e próximo mais da experiência concreta que das formulações e reflexões teológicas, que, no entanto, são necessárias... mas não aqui! Certas mentalidades demasiadamente analíticas ou céticas talvez achem que é simplista, mas este livro não foi escrito para fazer evoluir "a metafísica da terapia pelo sagrado". É proposto para suscitar a esperança na possível cura, mas sobretudo no verdadeiro poder da oração, com o risco de certos espíritos analíticos demais o julgarem fácil...

Hoje se ousa demasiadamente pouco orar ao Senhor com fé em favor dos enfermos, pois se ignora por demais a linguagem simples de uma intercessão confiante e se perde nas formulações imprecatórias, inquietas e inutilmente repetitivas.

Por outro lado, a história de uma cura realizada pelo amor de Cristo é apenas uma experiência da misericórdia de Deus para com um sofredor. É também um possível raio de luz concedido pelo Senhor a fim de educar-nos e introduzir-nos mais no mistério de seu amor salvífico.

Tardif me confiou várias vezes: "É bom orar com você, pois você é médico e pode explicar mais claramente as coisas para que os testemunhos sejam mais bem compreendidos e acolhidos. Pois no campo da cura é sobretudo pelo testemunho que se evangeliza". Não sei se ele estava inteiramente certo, para dizer a verdade, pois me parece que primeiro se deve olhar o Bom Deus. Mas é certo que nós nos fazemos muitas perguntas sobre esse Deus que cura alguns e outros não, sobre seu amor que parece reconciliar-se com o sofrimento, sobre a dificuldade de encontrá-lo na oração, ou sobre a dificuldade de encontrar a "boa" oração. A cura, certamente, permanecerá sempre como uma das facetas do mistério da Caridade Divina para com os seres humanos, mas não impede que os testemunhos ilustrem, muitas vezes de modo maravilhoso, as respostas que buscamos legitimamente e às quais nosso intelecto não pode ter acesso por seus próprios meios. São como parábolas de uma autêntica oração de cura e podem ensinar-nos com vantagem. Daí os comentários que me permitirei apresentar a partir desses relatos verídicos e confirmados (mesmo medicamente, para aqueles que o necessitarem).

São tão numerosas as perguntas que se fazem... com ou sem razão.

Deixemo-nos ser instruídos por esses *fioretti* de cura e — quem sabe? — talvez possamos acolher mais facilmente, mais "filialmente" o amor de um Pai que cura e o manifesta através de seu Filho, Jesus Cristo ressuscitado, no poder do Espírito Santo.

2

Temos o "direito" de encorajar a esperar uma cura?

"É permitido rezar pelos doentes?"

"Temos o direito de esperar uma cura?"

"Pode-se fazer esperar uma cura quando nem todos estão curados?"

"Os sacramentos não são suficientes?"

Tantas perguntas habitam ou até atormentam o coração dos cristãos, especialmente católicos, interrogações que — reconheçamos — os predispõem pouco a entrar numa compreensão sadia da graça de Deus neste domínio.

Sobre o assunto, como sobre muitos outros, trata-se menos de direito e de proibição do que de prudência e de discernimento. Se ainda não compreendemos que Deus é Pai e que, como tal, deseja educar seus filhos, que somos nós, a rezar do melhor modo possível (tanto pelos enfermos como por qualquer outra intenção), e que essa educação passa primeiro pela Igreja com o seu papel maternal próprio, tem-se dificuldade de comportar exatamente como filho de Deus, e nossa oração fica sobrecarregada de esquemas, de preconceitos, de medos, de indecisão, de ceticismo...

A cura pelo poder de Cristo ressuscitado permanece sempre uma espécie de mistério e nunca se poderá equacioná-la com os esforços do ser humano para obtê-la. Mas quem diz mistério nunca quer dizer proibição de tentar compreender. O Senhor deseja introduzir-nos, pelo menos um pouco, nesse mistério, na medida de nossa docilidade em acolher suas graças... e na constatação honesta de que temos tudo a apreender.

Não se pode nem se deve permanecer autodidata na oração de cura. O Espírito e a Igreja estão aí para educar-nos a orar como convém por cada um, quer dizer, de uma maneira muito pessoal; no entanto ancorada nos limites que o discernimento da Igreja nos fornece gratuitamente, sem intenção de extinguir os carismas.

Um dia, numa assembléia de oração interconfessional, eu estava perto de um jovem pastor evangélico, claramente fogoso pela causa do Deus de Jesus Cristo. Tinha-me convidado a pregar com ele durante uma tarde ecumênica de evangelização. Chega uma mulher numa maca, carregada por dois enfermeiros, e estava infelizmente claro que a doença logo a levaria. Ela nos faz discretamente um sinal pedindo que rezássemos por ela. Entusiasmado, o jovem pastor lhe responde peremptoriamente: "Vamos rezar pela senhora agora e o Senhor a curará".

Seu entusiasmo um tanto autoritário escondia sem dúvida a disposição de fé que essa mulher tinha desde o começo de sua doença. Ela lhe respondeu calmamente, num sorriso pálido:

"Não lhe peço que reze por minha cura. Penso que o Senhor pode curar-me de fato, se for a sua vontade. Mas parece-me que ele colocou essa vontade no meu coração há alguns meses, e ela me deixa numa paz profunda. Não desejo a cura; desejo ficar perto dele, ainda que seja através de um sofrimento que não procurei. Eu o encontrei verdadeiramente neste sofrimento e quero amá-lo neste sofrimento... Peço que reze para que eu tenha a força de nunca me revoltar."

O jovem pastor ficou sem voz. Esse testemunho imprevisto perturbou-o no mais profundo de seu ser e transtornava também toda a sua teologia do sofrimento. Havia um tal acento de sinceridade nas palavras dessa mulher que ele não argumentou e me convidou a rezar com ele, em silêncio. Uma grande paz invadiu a nós três. A verdade, às vezes, tem acentos bem misteriosos, que nos entreabrem furtivamente uma porta celeste.

UMA "INSTRUÇÃO" PARA A ORAÇÃO DE CURA

Para tentar uma resposta a esses numerosos "por quês" do coração do ser humano diante do possível poder da oração pelos doentes, a Igreja publicou em 2000 uma *Instrução sobre as orações para alcançar de Deus a cura*. A acolhida desse documento foi mitigada, até no seio da Renovação Carismática. Alguns temiam uma vontade por parte do Vaticano de "pôr sob controle" a oração de cura, com o risco sério de congelar uma certa flexibilidade da vida no Espírito. Outros previam aí uma espécie de desaprovação da autoridade eclesiástica diante da oração pelos doentes e da acolhida dos carismas de cura. Outros ainda entreviam sem razão uma "recuperação do Vaticano" com relação aos fenômenos de cura, esquecendo que esse documento fora pedido pelos responsáveis internacionais da Renovação Carismática.

Pessoalmente, e com muitos outros, eu me alegro com a publicação desse documento e presto culto a essa *Instrução*, agradeço à Igreja por esse texto, que é, afinal, muito educativo e animador no tocante à oração de cura. Ele não prende o Espírito, mas favorece a manifestação visível do poder de Deus segundo seus itinerários e as graças próprias de cada um. Certamente, o estilo literário do documento pode carecer de lirismo e não cultivar esse "impulso emocional ou alegórico" que muitas sensibilidades espirituais têm. Mas não se trata de uma coletânea de poesias sobre o amor de Deus que cura o enfermo. Recebemos aí um texto de base suscetível de esclarecer as consciências cristãs sobre as questões do poder de cura pela oração.

A oportunidade atual de uma tal *Instrução* está expressa claramente na introdução, após lembrar que a oração que implora o restabelecimento da saúde é uma experiência presente em cada época da Igreja:

> Mas o que constitui um fenômeno, em certos aspectos novo, é o multiplicar-se de reuniões de oração, por vezes associadas a celebrações litúrgicas, com o fim de alcançar de Deus a cura. Em certos casos [...] apregoa-se a existência de curas alcançadas [...] Em tal contexto, faz-se por vezes apelo a um suposto carisma de cura (Introdução, § 2).

A constatação é realista e desperta uma inquietação legítima. Todas essas reuniões são vividas segundo o Espírito da Verdade? A oração que as sustenta está verdadeiramente enraizada na fé cristã? Os supostos carismas em ação são bem discernidos, bem acolhidos e reconhecidos, bem praticados? A busca do maravilhoso ou do sensacional que muitos perseguem durante uma oração de cura é bem "gerenciada"? Os que intervêm utilizam mais um impacto psicológico do que uma solicitação autêntica da graça para animar esses tempos de oração pelos doentes? Os frutos que daí emanam são ilusão, boato falso, testemunho verídico, sinais de curas confiáveis? Há manipulação consciente ou não de uma liberdade humana, que se tornou mais vulnerável pelo fato de um sofrimento grande demais? A prudência, que consiste em não misturar os gêneros (rezar publicamente pela cura e pela libertação, por exemplo), ou, ainda, em não favorecer uma efervescência excessiva e ostentatória de grupo é respeitada? A oração de cura inserida numa celebração litúrgica não afasta do essencial, que é o próprio sentido dessa liturgia?

As interrogações pastorais são múltiplas (e citei apenas algumas) e devem ser aceitas como objeto de preocupação de uma autoridade eclesiástica..., donde a oportunidade dessa *Instrução*, que nunca deve ser tomada como uma condenação ou um freio em relação à oração pelos doentes por parte da autoridade da Igreja.

É claro que somos freqüentemente favoráveis e atentos à oração de cura; e as ocasiões em que somos levados a viver, esporadicamente ou mais regularmente, parecem estar além de toda censura séria. Sem dúvida, esta é a verdade.

Mas é preciso não vendar os olhos. Onde a graça de Deus age (ou desejaria agir), aí o Maligno encontra-se facilmente para misturar as cartas. Por isso muitos lugares no mundo vivem, por ignorância ou cegueira, tempos de oração para obter a cura, coletivos ou individuais, segundo as práticas perturbadoras, desviantes em relação à fé e, finalmente, cada vez menos evangélicas. Tais comportamentos constituem, às vezes, graves contra-testemunhos, e é o próprio sentido da cura que se encontra falsificado aí.

O Magistério sabe bem de tudo isso. Encarregado por Cristo de uma dupla função, a de encorajar na verdade e a de discernir o erro, ele está encarregado de velar pelo bom desenvolvimento daquilo que vem de Deus e de montar guarda contra o que afasta dele.

Numa primeira viagem a Quebec, em 1981, onde me tinham pedido vários seminários de formação sobre a cura interior, encontrei padre X, que dirigia, então, com a ajuda de uma equipe de colaboradores cristãos, uma casa de acolhimento que tinha por finalidade o cuidado terapêutico espiritual para pessoas que sofriam de perturbações afetivas diversas. Ademais, cada terça-feira uma grande oração carismática pelos doentes era proposta durante a Eucaristia. Uma tal apresentação de um projeto de acolhimento espiritual de cura só pode provocar adesão, e foi com confiança que passei aí alguns dias. Mas rapidamente me desencantei.

A oração da terça-feira pelos doentes era feita ao longo da celebração eucarística, por intermitência, mesmo nos momentos mais sagrados, como o da consagração. Mesmo certas partes do cânon da missa eram suprimidas para "rezar mais" pelos doentes! Uma pessoa discretamente entrevistada no fim da missa disse tranqüilamente: "Não tenho nada a ver com o que o padre faz atrás de seu altar, mas parece que ele faz magia religiosa e eu gostaria que ele me ajudasse a ganhar dinheiro, porque é disso que preciso". E essa não foi a única confidência do gênero.

Ademais, observei como uma certa maneira de rezar pelas pessoas acolhidas ao longo da semana, maneira pomposamente chamada "cristoterapêutica", baseava-se numa falsificação da mensagem do Evangelho e numa abordagem do ser humano fundada mais sobre uma "psicologia" que exalta a liberação das pulsões afetivas do que sobre a fé.

Quando voltei a Quebec, um ano mais tarde, essa casa de acolhimento fora obrigada a fechar porque os membros da equipe tinham-se voltado uns contra os outros, várias pessoas acolhidas tinham feito queixa por manipulação afetiva ou financeira, e o sacerdote responsável não podia mais exercer o ministério sacerdotal! O exemplo é doloroso e custa-me falar dele assim. Além disso, não devo julgar sobre a moral das pessoas, mas apenas posso deplorar esse contratestemunho, que fez grande mal à Igreja local, assim como a um ministério autêntico de cura.

A graça de Deus está sempre atuante, mas muitos desvios humanos contribuem para falsificar os seus frutos ou modificar a sua expressão. A oração de cura, por razões que seria cansativo evocar aqui (mas que podem facilmente ser pressentidas), é sem dúvida — entre todas as formas de oração a serviço do Povo de Deus — a que nos deixa mais vulneráveis, mais expostos a muitas tentações, cuja finalidade é fazer fracassar a obra de misericórdia de nosso Deus por práticas que se distanciam do espírito do Evangelho e da sabedoria da Igreja, bem como por frutos secundários lastimosos, até escandalosos, verdadeiros contratestemunhos do amor do Cristo ressuscitado.

Do mesmo modo, há lugares, em muitos países, onde se fala de carisma de cura de maneira excessiva, rápida demais e sem discernimento. Ninguém jamais improvisa o seu próprio carisma de cura, pessoal ou coletivo (como a *Instrução* observará). Discernir o rótulo "carisma", especialmente no domínio da cura, mostra-se pesado de conseqüências em muitos níveis, tanto para aquele que o poria em prática como diante das maneiras de viver a oração de cura. Não é porque se ora pelos enfermos (mesmo com um "possível resultado") que se é portador de um carisma de cura. Muitíssimos cristãos, oriundos ou não da Renovação Carismática, o ignoram e se deixam levar por uma corrente de opinião espiritual aberta à superstição.

Compreende-se a responsabilidade da autoridade eclesiástica, a qual — na ordem de sua função pastoral — coloca a questão boa: a do discernimento. Sobre essa base inevitável, ela instrui os cristãos na finalidade de reconhecer, de encorajar, de promover um crescimento na oração autêntica pelos doentes.

Se é verdade que a segunda parte da *Instrução sobre as orações para alcançar de Deus a cura* propõe um certo número de "disposições disciplinares" (cujo estudo atento deixo ao leitor), a primeira parte — de longe a mais abundante — fica nos aspectos doutrinais essenciais para uma boa compreensão da "dinâmica de cura em Cristo". Longe de desaconselhar o recurso à oração pelos doentes, esses aspectos nos lembram quanto o fato de voltar-se para o Senhor no momento do sofrimento, para receber ajuda e alívio, é plenamente legítimo para o crente. Ademais, alguns dos grandes eixos de reflexão que nos propõem são extremamente enriquecedores para nossa "inteligência espiritual". Gostaria de sublinhar alguns.

O "JESUS MÉDICO" DOS EVANGELHOS

Na atividade pública de Jesus, as suas relações com os doentes não são casuais, mas constantes. Cura a muitos de forma prodigiosa, tanto que essas curas milagrosas tornam-se uma característica de sua atividade: "Jesus percorria todas as cidades e aldeias ensinando nas sinagogas, pregando o evangelho do Reino e curando toda enfermidade e doença" (Mt 9,35. Cf. 4,23). As curas são sinais de sua missão messiânica (cf. Lc 7,20-23). Manifestam a vitória do Reino de Deus sobre todas as espécies de mal e tornam-se símbolo da saúde integral do ser humano (*Instrução*, n. 1, § 5).

Assim, Jesus acha bom e "lógico" (com uma lógica toda divina) realizar numerosas curas num contexto preciso, o do anúncio da Boa-Nova. Jesus, "primeiro evangelizador do Reino de Deus", não faz seus prodígios "ao acaso de um caminho" ou se preocupando apenas com a doença sem ver a pessoa doente (e suas verdadeiras necessidades). Manifesta assim, concretamente, as primícias da salvação de uma saúde recuperada de todo o ser humano e de toda a humanidade. As curas — que caracterizam a sua atividade — são integradas como sinais na realização de sua missão messiânica: anunciar que o Reino de Deus, finalmente, chegou.

Talvez seja bom lembrar que a Igreja continua hoje essa missão.

A vitória messiânica sobre a doença, aliás, como sobre os outros sofrimentos humanos, não se realiza apenas eliminando-a com curas prodigiosas, mas também com o sofrimento voluntário e inocente de Cristo na sua Paixão, e dando a cada ser humano a possibilidade de associar-se a ela. [...] Na cruz de Cristo não só se realizou a redenção através do sofrimento, mas também o próprio sofrimento humano foi redimido. [...] Por isso todos os seres humanos, com o seu sofrimento, podem tornar-se, também, participantes do sofrimento redentor de Cristo (*Instrução*, n. 1, § 7).

No contexto dessa missão messiânica realizada por Cristo até na sua morte e ressurreição, podemos captar melhor a questão do sofrimento como meio de redenção — portanto de cura de todo ser humano — escolhido por Jesus. Mas é verdade que, se Jesus não veio explicar o sofrimento humano, ofereceu, no entanto, a ele uma "nobreza" e um poder que ele não tinha por si mesmo, a saber: o de poder ser vivido "em seguimento", como instrumento de cura da humanidade pecadora. A doença, como outras provações da existência humana, pode ser vivida, mas somente na graça de Deus e na fé, como um "prolongamento do sofrimento de Cristo" numa vida totalmente simples. Mas fora dessa perspectiva de fé o sofrimento permanece um escândalo para o ser humano... e talvez para Deus! Somos, assim, sensibilizados sobre o laço misterioso que existe entre sofrimento e cura. Para que fazer-nos refletir sobre o "como Deus cura em sua sabedoria"? Bem como sobre a noção de vontade divina em relação àquele que sofre?

> Salva a aceitação da vontade de Deus, o desejo que o doente sente de ser curado é bom e profundamente humano, sobretudo quando se traduz em oração confiante dirigida a Deus (*Instrução*, n. 2, § 1).

Seria preciso entender direito esta noção de aceitação da vontade de Deus como condição prévia a toda cura (o que eliminaria todas as doenças descrentes ou pouco crentes na possibilidade de serem curadas pelo Senhor). Convém, antes, observar que em todo sofrimento humano coexiste uma espécie de vontade divina, quer dizer: de esperança, de que Deus nos faz no tocante à acolhida de sua graça, seja qual for a sua forma, para o bem de todo ser humano. Assim, sem que possamos perceber por qual razão, o Senhor cura alguns (mais freqüentemente do que se supõe) e convida outros a viver uma situação de provação, mas numa dimensão renovada, a de um sofrimento fecundo e vivificante para o outro, e sem dúvida para si mesmo.

Todavia a observação mais importante a fazer sobre este texto é sua ligação expressa entre o desejo legítimo de o doente ser curado (mesmo se isso não ocorrer) e a relação de confiança para com Deus, que aparece como o fundamento da oração de cura. A confiança filial continua sendo a chave de toda verdadeira compaixão. Mas como dirigir a Deus uma oração que seja confiante?

Pois mesmo que tivéssemos fé, a nossa dificuldade de confiar no Deus de toda misericórdia é tão grande...

Não só é louvável a oração de todo fiel que pede a cura, sua ou alheia, mas a própria Igreja na sua liturgia pede ao Senhor pela saúde dos enfermos. Além disso, tem um sacramento "destinado de modo especial a confortar os que sofrem com a doença: a unção dos enfermos" (*Instrução*, n. 2, § 3).

Por princípio, portanto, a oração pela saúde dos enfermos é louvável e, assim como toda oração, ainda que seja simplesmente pessoal, culmina na liturgia da Igreja, assim também a oração de cura encontra a sua expressão plena na celebração do sacramento da unção dos enfermos. Tal sacramento não está reservado às "últimas horas da vida na terra", tendo em vista uma "passagem melhor", mas dá uma graça de força e, portanto, de cura potencial, no corpo e (ou) na alma do sofredor. Mas isso de modo algum significa que toda intercessão pelos doentes deva ocorrer exclusivamente no contexto do sacramento. Um certo número de circunstâncias justifica a oração de cura "fora da liturgia" (embora necessite sempre um discernimento prévio), especialmente quando se está em situação de evangelizar pessoas pouco sensíveis ou ignorantes da dimensão sacramental.

Os Atos dos Apóstolos referem de modo genérico prodígios operados por estes. [...] Eram prodígios e sinais e, portanto, obras portentosas que manifestavam a verdade e a força da sua missão. [...] A parte final do evangelho de Marcos e a Carta aos Gálatas alargam a perspectiva e não circunscrevem as curas prodigiosas à atividade dos apóstolos e de alguns evangelizadores que tiveram papel de relevo na primeira missão. Nesse particular contexto, são de extrema importância as referências ao "dom das curas" (1Cor 12,9.28.30). O significado de *carisma* é, por si, muito amplo: o de "dom generoso"; no caso em questão, trata-se de "dons de curas obtidas". Essas graças, no plural, são atribuídas a um único sujeito (cf. 1Cor 12,9), portanto não se devem entender em sentido distributivo, como curas que cada um dos curados recebe para si mesmo. Devem, ao invés, entender-se como dom concedido a uma determinada pessoa de obter graças de curas em favor de outros (*Instrução*, n. 3, §§ 2-3).

Encontramos, aqui, uma definição e ao mesmo tempo um reconhecimento da noção de carisma de cura explicitada — e justificada numa pessoa — por um contexto (ou um chamado) à evangelização (no sentido muito amplo do termo). Aprofundaremos o tema mais adiante.

O problema põe-se, sobretudo, com as reuniões de oração que os acompanham [os fenômenos taumaturgos], organizadas no intuito de obter curas prodigiosas entre os doentes que nelas participam, ou então com as orações de cura que, com o mesmo fim, se fazem a seguir à comunhão eucarística. As curas ligadas aos lugares de oração (nos santuários, junto de relíquias de mártires ou de outros santos etc.) são abundantemente testemunhadas ao longo da história da Igreja. [...] Essas curas não comportam um "carisma de cura", porque não estão ligadas a um eventual detentor de tal carisma, mas há de tê-las em conta ao procurar ajuizar, do ponto de vista doutrinal, as referidas reuniões de oração. [...] Convém distinguir entre as que possam dar a entender um "carisma de cura", verdadeiro ou aparente, e as que nada têm a ver com esse carisma. Para que possam estar ligadas a um eventual carisma, é necessário que nelas sobressaia, como elemento determinante para a eficácia da oração, a intervenção de uma ou várias pessoas individualmente ou de uma categoria qualificada — por exemplo, os dirigentes do grupo que promove a reunião. Não havendo relação com o "carisma de cura", é óbvio que as celebrações previstas nos livros litúrgicos, se realizadas em conformidade com as normas litúrgicas, são lícitas e até, muitas vezes, oportunas (*Instrução*, n. 5, §§ 1-3).

Observamos nessas linhas uma preocupação evidente em preservar a uma assembléia de oração a sua dignidade, para que ela evite lançar-se em práticas arriscadas, especialmente quando a oração pelos doentes se desenrola durante uma liturgia, a fim de que sejam respeitados o rito e o sentido da própria liturgia (o que continua sendo primordial em todas as circunstâncias). Mas constatamos também a preocupação por um discernimento quanto a um possível carisma de cura autêntico, o qual, sem ir contra as normas disciplinares precisas mais tarde, parecem poder (e dever?) beneficiar-se de uma liberdade de ação bem mais ampla para ser exercida segundo o dom de Deus.

Não se pode atribuir o carisma da cura a uma classe determinada de fiéis. "É um só e mesmo Espírito que faz tudo isto, distribuindo os dons a cada um conforme lhe agrada" (1Cor 12,11). Por conseguinte, nas assembléias de oração organizadas para pedir curas a Deus seria arbitrário atribuir um carisma de cura a qualquer categoria de participantes — por exemplo, aos dirigentes do grupo. Resta apenas confiar na vontade soberana do Espírito Santo, que dá a alguns um carisma especial de cura para manifestar a força da graça do Ressuscitado. No entanto nem as orações mais intensas obtêm a cura de todas as doenças. Assim, Paulo teve de aprender do Senhor que "basta-te a minha graça, porque é na fraqueza que se manifesta todo o meu poder" (2Cor 12,9) e que os sofrimentos a suportar podem ter sentido: "Completo na minha carne o que falta à Paixão de Cristo, em benefício do seu corpo, que é a Igreja" (Cl 1,24).

Todavia é preciso cuidar de não arrogar para si mesmo a graça de um carisma de cura (sob pena de trair a Providência Divina e faltar orgulhosamente contra a confiança em Deus), e também é preciso vigiar para acolher um carisma autêntico de cura e respeitar as modalidades pelas quais ele se pretende exercer, num justo discernimento eclesial.

Mas mesmo que o carisma de cura se tenha espalhado abundantemente, as doenças não desaparecerão, ainda que alguns sejam de fato curados e que os testemunhos dêem a muitos uma esperança renovada. O mistério do sofrimento redentor de Cristo e daqueles que são convidados a segui-lo permanece o centro do Evangelho e o lugar da Ressurreição.

3

Quais as condições
para ser curado?

Muitas pessoas fazem a pergunta crucial: "É preciso merecer a cura?". Ou, formulando de outro modo: "Alguns são 'favorecidos' por Deus para receber uma cura, ao passo que outros, rezando com a mesma fé (na medida em que se pode julgar...) não recebem alívio para o seu mal?". Na realidade, trata-se de uma pergunta falsa, com a qual muitos se atormentam interiormente. No entanto ela tem sua importância no sentido de que muitos põem em risco a sua fé no amor de Deus ao fazer(-se) a pergunta... mas sem receber uma resposta satisfatória para a sua inteligência.

Renato, 62 anos, foi levado a uma assembléia de oração por insistência de sua esposa. Era inverno, numa pequena cidade da Normandia, e 600 pessoas estavam presentes, muitas delas afligidas por toda espécie de doença ou problema de saúde. Renato não queria ir, apesar da dor que torturava o seu joelho direito e o impedia de andar, ou simplesmente de mexer a sua perna. Cada movimento arrancava dele um gemido de dor e os médicos não sabiam mais o que prescrever para aliviar a sua dor. Ele acreditava, é claro, mas imaginava mal um Deus que deixa os seres humanos sofrer assim. Ivone, sua mulher, empregara tesouros de diplomacia para que ele aceitasse, finalmente, ser levado de carro até à igreja onde ocorreria a oração pelos doentes.

O Senhor fez naquela tarde coisas muito belas nos corações e nos corpos, e, no final da oração, quando todos se tinham dispersado na alegria, Ivone (a quem eu nunca vira) me apresenta seu marido, Renato, que andava normalmente e sem nenhuma dor. Eu esperava que Renato estivesse alegre com a sua situação e, para minha grande surpresa, ele estava irritado comigo e exprimia para com Deus uma revolta espantosa.

"Estou indignado com o que me aconteceu. É verdade que agora estou bem e que fazia muito tempo que estava preso à cama ou à minha cadeira. Mas o senhor acha normal que um Deus deixe as pessoas morrerem de dor? Mesmo que tenha sido ele que me curou hoje, é inadmissível, por causa de outros que estavam lá esta tarde e dos quais a maior parte têm as mesmas dificuldades!"

O coração humano cai rapidamente na tentação de suspeitar que Deus seja injusto, em vez de acolher o que ele faz em sua sabedoria...

Não sei o que aconteceu depois a Renato. Pôde gozar da graça da cura em paz e, finalmente, dar graças a Deus, ou preferiu fechar-se em sua amargura e correr o risco de perder essa graça? Em compensação, se Renato tinha, sem dúvida, necessidade de uma cura física (como tantos outros), sofria sobretudo de uma revolta interior contra o Senhor, a qual "poluía" a sua existência (e a de sua esposa) e chamava uma graça de cura interior que, sem dúvida alguma, a misericórdia divina desejaria conceder-lhe.

Afirmamos de partida, e com força, que Deus não é um examinador encarregado de dar a um ou outro um certificado de habilitação para a cura. Não há aqueles cuja oração ele escuta, e atende, e aqueles aos quais ele tapa os ouvidos... Aqueles que ele pretende curar e aqueles que ele pretende esquecer. É perigoso para a fé deixar uma tal idéia invadir o nosso coração, e é ruinoso para a confiança.

O MISTÉRIO DA CURA VERDADEIRA

De fato, o horizonte se abre quando percebemos que a palavra "cura" não tem o mesmo sentido para o ser humano e para Deus, e o mistério da cruz de Cristo está aí para sensibilizar-nos disso.

Para nós, curar é ser aliviado de um sintoma ou de um conjunto de sintomas pelo qual se exprime uma doença, quer seja corporal, quer psíquica, funcional ou mesmo de ordem espiritual. A noção de doença pode até abrir-se a outras realidades de sofrimento, que não estejam imediatamente ligadas à saúde, mas interferem sobre ela indiretamente: a incapacidade, a aflição social, os problemas conjugais ou familiares, as dependências, as perturbações da identidade etc.

Para o Senhor da Vida, curar o ser humano não significa primeiro libertá-lo de um sintoma, mesmo se freqüentemente atue neste sentido (e outros testemunhos no-lo mostrarão). Sua "segunda intenção" divina é curar todo o ser humano, isto é, ir à raiz mais profunda de seu mal verdadeiro para libertá-lo dele, mas uma libertação que solicita a nossa liberdade. Assim se iluminam com nova luz estas perguntas — surpreendentes à reflexão — feitas por Jesus a vários doentes, como a feita ao cego à entrada de Jericó: "Que queres que te faça?" (Lc 18,41). Seríamos tentados a sorrir diante de tal interrogação feita por Jesus. Por que uma tal pergunta quando um cego está lá, diante dele, a esperar?

O desafio fica maior quando se discerne o fundo da pergunta. Jesus quer dizer que o amor de Deus se faz mendigo da liberdade humana — mesmo através da cura sintomática — e que não impõe a sua graça, nem sequer para fazer o bem. Maneira de ajudar o ser humano a compreender que é convidado a tornar-se colaborador das obras de Deus.

Mas então, qual é esse mal profundo que corrói o ser humano e põe a sua verdadeira vida e a sua identidade em perigo? É um mal de ruptura ou de isolamento, de recuo sobre si mesmo, que quer cavar uma fossa radical e desesperada entre o ser humano — todo o ser humano — e o amor de que precisa para viver. O primeiro amor necessário para a vida é o de Deus e, por extensão, todo amor verdadeiro (quer dizer: que se parece com ele de uma certa maneira) da parte de um (ou de vários) próximo(s). Esse mal, já se sabia, toma o nome de pecado. Mas o pecado não o constitui sozinho. O sujeito é de aproximação difícil e reúne tudo o que poderia contribuir para fazer o ser humano duvidar dele mesmo, de seu valor, de sua dignidade de vida, do sentido de sua existência, de sua vocação.

Vista assim, a cura que o Senhor quer oferecer ao ser humano vai além — e quanto! — da noção de recuperação da saúde, tal como a medicina a vê e pretende fazer progredir.

Nesse sentido pode-se dizer que Deus quer curar todos os seres humanos, sem exceção. Mas não quer, nem pode, curar todos os sintomas de doença do mundo inteiro. Sim, ousamos afirmá-lo, com o risco de escandalizar: é evidente que Deus não quer nem pode curar todos os sintomas.

A recriminação surge imediatamente: "Aquele que é todo-poderoso não poderia aliviar certas dores?".

Mas o poder de Deus se parece com o dos "grandes" deste mundo? Voltaremos a isto.

Foi em Madri, Espanha, no mês de maio de 2001. Eu pregava um retiro para todos os responsáveis pela Renovação Carismática espanhola. Havia muitos padres presentes, para minha maior alegria. O tema do retiro era "Um ministério de misericórdia para a Igreja", e estava prevista uma oração para os doentes (aberta a todos) na noite do terceiro dia. Essa foi a ocasião para o Senhor manifestar o poder de sua misericórdia no seio da assembléia, especialmente pela unção de paz e de reconciliação (uma das formas mais belas da cura, embora entre as mais discretas). Várias pessoas vieram dar testemunho do desaparecimento de remorsos terríveis, de rancores profundos, de amarguras tenazes, de ódio conjugal ou familiar... Tantos sintomas de ordem psicoafetiva que agradara ao Senhor desfazer. O sacramento da reconciliação fora proposto durante toda a noite, e os confessionários estavam sempre cheios. Algumas curas físicas foram também conseguidas, evidentes durante a oração (sem contar as curas recebidas algumas horas, alguns dias mais tarde. Essa noite me lembrava do Evangelho, onde está escrito que "Jesus curava toda doença e enfermidade" deles (Mt 4,23). Nada nos impede de ver nessas enfermidades tudo aquilo que deixa pesado o coração de um homem ou de uma mulher a ponto de levar a duvidar de si mesmo... e de Deus.

Na manhã do dia seguinte, entre duas conferências, recebi em entrevista um padre com aspecto atormentado

"Estou sofrendo de uma doença na medula espinal, contou ele, que me conduz lentamente à paralisia. É terrível para mim, que sou ativo no meu ministério. Ontem à tarde ainda pedi a cura ao Senhor e agora de manhã senti que nada aconteceu. O senhor concordaria em rezar alguns instantes por mim?"

Não pude recusar, é claro, e entramos na oração com fervor. Depois de alguns minutos, mal à vontade, eu lhe comuniquei o meu sentimento: "Parece-me que o Senhor quer conceder-lhe hoje uma grande graça de consolação, mas não estamos agindo certo ao pedir a sua cura. De fato, ousei abandonar, creio que ele já falou ao seu coração e você hesita em levá-lo a sério porque você acha que é bobagem".

Ao ouvir tais palavras, o padre derramou-se em lágrimas, caiu de joelhos e respondeu:

"Você tem razão. Já faz tempo que o Senhor me convidou a viver — através da doença — uma oferenda da minha vida pelos prisioneiros com que me ocupo. Ele me fez pressenti-lo e isso me enchia de alegria, mesmo se eu estava inquieto com o que iria acontecer-me. Falei disso a alguns colegas, que zombaram de mim e me fizeram duvidar desse convite de Deus."

"Hoje, respondi-lhe, o Senhor renova o seu convite através dessa doença e quer que você se encha de sua força e de sua alegria. Essa será a sua cura. Você não pensa nisso, mas ela é para você, se você a aceitar..."

"Oh, sim! que a vossa vontade seja feita, Senhor!" Foi um verdadeiro grito do coração, imediatamente acompanhado de uma unção de paz e de alegria, afastando toda tristeza e todo medo da doença.

Imagino que um tal testemunho espantará, até chocará a inteligência de quem não está ainda bastante familiarizado com esse amor de Cristo, plenamente manifestado na loucura da cruz. Mas... entenda quem puder!

DEUS É MISERICÓRDIA...

Deus é misericórdia. Quer dizer que ele não escolhe uns em detrimento de outros. O seu grande desejo é curar o ser humano, com essa cura plena que convém ao seu amor tão grande por nós. Às vezes, ele julga bom manifestar esse desejo dando sinais de cura e, muitas vezes, procede de modo diferente, segundo uma sabedoria que nos ultrapassa e nos ultrapassará sempre. No entanto ela comporta sempre uma segurança em relação aos sofrimentos, a saber: ele nunca deixará um só sem socorro; nunca abandonará um só no vazio de sua miséria. E como ele conhece a nossa fraqueza e a nossa inconstância, afirma-nos que esse socorro prometido não será somente na fé, quer dizer: de uma maneira não sentida pelos nossos sentidos ou nossos sentimentos. Ele manifestará um dia essa ajuda fiel, mesmo que devamos esperar esse dia por muito tempo. A esperança é vivida em harmonia com a confiança e não com o tempo que passa.

A história de João me perturbou e contribuiu para acentuar meu gosto pela Palavra de Deus. João mora na Martinica, onde é operário numa destilaria. Perdeu sua mulher em 1991 e tem apenas seu filho, Bernardo, que teve uma adolescência cheia de dificuldades e, tanto por influências como por um mal-estar profundo, começou a afundar-se nas drogas. Sua existência, cada vez mais desequilibrada, dava medo e vergonha ao pai, que não conseguia mais dialogar com o filho.

Quando cheguei à Martinica, em maio de 1997, convidado pela Renovação Carismática Católica da ilha, bem como pela fundação local da obra Mãe da Misericórdia, fazia longas semanas que Bernardo desaparecera, e as buscas feitas pela polícia se mostraram inúteis. Temia-se o pior, e João entrou em depressão, acabrunhado pela tristeza. No entanto ele rezava, sozinho ou com amigos, suplicando que o Senhor fizesse alguma coisa, lhe devolvesse o filho, que ele achava que tinha fugido. Mas nenhuma notícia boa vinha devolver-lhe a paz.

A Renovação Carismática organizara uma jornada de louvor e de ensinamento num grande aterro do bairro de Fort-de-France, suficientemente extenso para receber vários milhares de pessoas. Fora erguido um palanque alto no centro do terreno e muita gente tinha ido participar desse dia. João (cuja história só fiquei conhecendo alguns dias mais tarde) estava lá.

O ensinamento previsto tratava da parábola do filho pródigo, e comecei, naturalmente, proclamando este Evangelho. Mal tinha terminado quando observo um alegre tumulto ao pé do estrado sobre o qual estava a equipe de animação. Soube mais tarde que Bernardo, o filho de João, estava debaixo do palanque, escondido e dormindo de dia para viver uma vida de noctâmbulo. Ele despertara durante a proclamação da parábola do filho pródigo e exclamou estupefato: "Mas... é de mim que estão falando!".

Perturbado, Bernardo saiu discretamente de baixo do palanque e seu olhar caiu sobre uma primeira pessoa, bem na frente dele, seu próprio pai. Eles se abraçaram em lágrimas... e o filho pediu perdão ao pai. Deus respondera à oração e manifestou o seu socorro. Sei que, alguns meses mais tarde, Bernardo já não se drogava (ele provara uma libertação interior no próprio momento do reencontro) e retomara uma vida equilibrada na casa do seu pai.

Atualmente, para tentar abordar a questão das "condições favoráveis" da cura, do lado do ser humano e não do lado de Deus, é bom lembrar o adágio espiritual "Se Deus dá, o ser humano nem sempre sabe receber". Acontece assim, com mais freqüência do que se pensa, que o Senhor concede uma graça a uma pessoa que não estará disposta a recebê-la, conscientemente ou não.

Alguns fazem a lista — muito longa — de todos os obstáculos para obter a cura, como se esta fosse tributária de uma técnica divina imutável ou dependente de uma moral rigorosa, onde finalmente a graça da cura deveria ser merecida de uma maneira ou de outra. É preciso acabar com tais listas, pois mantêm no coração uma imagem falsa de Deus. Se o Senhor, na sua sabedoria, que não se rende a nenhuma dependência de um querer humano, decide conceder uma graça de cura, fá-lo em seu tempo! Nada no ser humano pode fazer com que ele renuncie a propor a sua graça. Mas o ser humano sabe que é preciso aprender a acolher essa graça?

Resistências à graça da cura?

Considerada sob este ângulo, a abordagem da cura encontra, na minha opinião, duas "resistências" possíveis. Conhecê-las melhor favorece certamente a obtenção de uma graça de cura, na medida em que o "beneficiário potencial" desta última se sente pessoalmente envolvido.

A primeira resistência é a recusa de perdoar. Seja qual for a graça pedida na oração, o coração humano pode ficar fechado no domínio do perdão a dar, e não a receber.[1]

O perdão a dar já foi tratado numa outra obra, à qual se remete o leitor se ele julgar necessário.[2] Trata-se de um aspecto primordial do amor cristão (a caridade), que é muitas vezes oportuno deixar germinar na alma. Classicamente, esse "ato de amor escondido", como pode ser chamado, pode ser vivido em três dimensões possíveis ligadas à capacidade relacional do ser humano, a saber: o perdão ao outro, o perdão a si mesmo e o perdão para com Deus.

A oportunidade deste perdão está ligada ao fato de que nossa existência pôde ser ferida pelas decepções afetivas, fracassos, humilhações, que provocaram um fechamento (muitas vezes inconsciente) do coração, capaz de manter uma distância enorme entre o Deus que dá e dá de novo, e nós que o vivemos — falsamente — como distante ou desdenhosos de nossa história.

No âmbito da acolhida de uma cura, tudo se passa como se, quando há uma recusa de perdoar, bem interiorizada, o Senhor se aproximasse do doente e lhe dissesse ao coração, como ao cego de Jericó: "Que queres que eu te faça?", e acrescentasse em filigrana: "Aceitas perdoar?". A proposta de cura é, então, a ocasião de uma tomada de consciência, a de ser portador de uma recusa. Teimar na recusa, seja qual for a justificação que se dê, significa fechar-se a uma cura que, no entanto, se deseja.

---

[1] O perdão a receber, especialmente da parte do Senhor e através do sacramento da reconciliação, é essencial. Todavia, num plano pragmático, não parece que ele constitui um obstáculo à acolhida de uma cura. Para falar a verdade, esta forma de perdão faz, freqüentemente, parte da própria graça da cura, a qual favorece o desejo de ser perdoado. Não se pode dizer o mesmo do perdão a dar.

[2] MADRE, Philippe. *Heureux les miséricordieux.* Éditions des Béatitudes, 1996.

Roseli, 32 anos, tinha esclerose havia mais de dez anos e não podia mais andar fazia bastante tempo. Paralisada das pernas, condenada a ficar em cadeira de rodas, a sua vida estava mergulhada numa depressão permanente, embora a sua fé continuasse ativa. Encontrei-a durante um retiro pregado na Bélgica. No final de um ensinamento sobre "a ressurreição de Lázaro", ela pediu que eu rezasse com ela pela sua cura. Entramos numa prece toda simples e confiante, suplicando que o Senhor realizasse em Roseli a obra de sua vontade. Depois de dez minutos, eu perguntei se ela sentia alguma coisa nas pernas; ela informou-me que percebia como que sensações elétricas. Alertado sobre o fato, sabendo que esse gênero de fenômeno, quando é objetivo e se refere a uma doença neurológica, muitas vezes precede uma graça de cura, convidei-a a continuar a rezar sozinha, na capela. Marcamos um encontro para a manhã seguinte à mesma hora.

Horas mais tarde, Roseli me disse que as sensações elétricas tinham parado e que ela não sentia nenhuma melhora. Minha resposta foi imediata: "Você tem ressentimento contra alguém?". Ela busca uma resposta, cética, sem compreender a ligação entre a pergunta e sua possível cura. Sacode a cabeça negativamente... e eu insisto. De repente, ela grita: "Tenho ressentimento de Jesus por ter-me permitido que eu ficasse doente. Naquela época, eu ia ficar noiva e por causa disso o rapaz me deixou".

Sem especular sobre a qualidade do amor desse rapaz para com Roseli, perguntei: "Você não acha que deveria perdoar a Jesus?".

"Como o senhor quer que eu o perdoe? Sei que ele é Deus e que me ama!"

"Sim, mas o seu coração se revoltou contra ele, pois ele procurava um responsável por sua infelicidade. Você certamente não quis, mas continua a tornar Jesus culpado por seu sofrimento... Não pense muito nisso. Procure perdoá-lo".

"Mas como perdoar a Deus?"

"Quando se perdoa, a gente se dá de novo a alguém; renova-se a confiança nele. É o que ele espera de você hoje."

Roseli concordou e rezou por um longo momento em particular para exprimir, como podia, mas com sinceridade, o seu perdão para com Deus. Na manhã seguinte, quando de novo rezávamos juntos pela sua cura física, as sensações elétricas reapareceram. Uma hora mais tarde, ela dava, sozinha, os seus primeiros passos, sinal de uma cura autêntica que se iniciava. Hoje, ela está totalmente curada.

Daniela era tão infeliz; seu marido a abandonara fazia três anos e ela não cessava de rezar por sua volta. Ela o esperava sem que elementos racionais pudessem justificar uma tal esperança. Ele partira sem intenção de voltar e não se manifestava fazia três anos. Mesmo assim ela o esperava. Uma convicção íntima em seu coração lhe dizia que ela o reencontraria.

Mas um dia, cansada de rezar, fatigada de esperar, ela procurou um padre amigo e lhe participou o seu desassossego e suas dúvidas em relação com à fidelidade de Deus. O padre perguntou a Daniela: "Você reza, está certo! Mas você tem o coração reconciliado com relação ao seu marido?".

"Reconciliado como! Foi ele que me deixou! Foi ele que me fez sofrer! Cabe a ele pedir perdão a mim."

"Eu compreendo você, mas o Senhor não vê as coisas desse jeito. É ele que ama primeiro, que perdoa primeiro, e você pede para ser semelhante a ele. Perdoe primeiro, mesmo se isso lhe parecer injusto. Você verá."

Depois de muitas hesitações atormentadas, Daniela decidiu-se a perdoar. Dois dias mais tarde o telefone tocou.

Seu marido, hospitalizado havia várias semanas, descobrira de uma maneira nova o seu amor pela mulher e a procurava... pedindo perdão.

As misericórdias do Senhor são inesgotáveis... e amiúde muito surpreendentes.

Sílvio, 26 anos, sofria de depressão nervosa desde os quatro anos. Seu pânico crescia porque cada vez mais freqüentemente ele passava por crises de pulsões suicidas que o impediam de trabalhar (era funcionário de cartório) e de viver normalmente. Os medicamentos que devia tomar cada dia o entorpeciam e a angústia de fundo não o deixava mais. Uma amiga o levara várias vezes a uma assembléia de oração carismática. Ele encontrava um pouco de paz a cada vez, mas as perturbações voltavam muito rápido.

Certo dia, fui convidado àquela assembléia, onde foi proposto um tempo de oração para a cura interior. Eu não conhecia Sílvio e ninguém me falara nada a respeito. Entre as palavras de conhecimento imediato que foram dadas naquela noite, a que tocou Sílvio em pleno coração foram: "O Senhor visita nesta assembléia um ser humano de 26 anos que sofre de idéias suicidas obsessivas. Seu coração é corroído pelo remorso e ele é convidado a perdoar a si mesmo um acontecimento do passado, que continua a pesar sobre sua consciência".[3]

Sílvio ficou transtornado, pois identificou-se com essa pessoa e se perguntava que tipo de remorso poderia ser esse. A luz veio imediatamente: Quando tinha 18 anos, Sílvio teve de cuidar de seu irmão pequeno na ausência dos pais, mas ficou durante muito tempo falando ao telefone, esquecendo-se do seu irmão, que foi atropelado

---

[3] Voltaremos a esta ligação entre palavra de conhecimento e ministério de cura. O interesse desse testemunho é a inter-relação que Sílvio viveu profundamente a partir do "anúncio profético de cura".

por um carro e perdeu o uso de um braço. Sílvio nunca se perdoou, julgando-se culpado pelo acidente e por suas conseqüências.

Imediatamente, em plena assembléia, percebeu que o Senhor o convidava a perdoar-se a si mesmo, o que ele tentou fazer "com dificuldade". De fato, o que o Senhor esperava era um simples ato de confiança e humildade para que Sílvio se apresentasse a ele em sua pobreza, sem a barreira do sentimento de culpa. Ele fez isso e sentiu-se invadido de uma paz inefável.

Duas semanas mais tarde, Sílvio tinha saído completamente da sua depressão, de suas angústias e de suas idéias suicidas, a tal ponto que o médico mandou que ele parasse com todos os medicamentos. Hoje está casado... e feliz por ter experimentado o amor libertador de Deus.

Os pequenos começos

A outra resistência para alcançar uma graça de cura é mais delicada de evocar, pois nos é difícil perceber que, na maioria das vezes, uma cura, mesmo de ordem carismática, da parte do Senhor, é acolhida ativamente por seu beneficiário ou seus próximos. É o problema dos "pequenos começos" do atendimento. De fato, nós nos representamos freqüentemente demais a cura do Senhor como um "tudo ou nada". Tudo seria dado inteiramente, de imediato, o que raramente é o caso! Nove vezes em dez, a cura se manifesta por um "pequeno começo", uma pequena melhora sensível; e nós temos a responsabilidade de constatá-la e levá-la a sério. A esse respeito, teme-se muitas vezes o jogo emocional, que nos daria a ilusão de uma cura que começa. Essa ilusão às vezes existe, mas nunca deve eliminar uma evidência de fé, a saber: a graça da cura, por razões de sabedoria divina, ama as primícias, quer dizer, os primeiros e pequenos sinais de melhora, por uma causa excelente: o ser humano é associado à sua própria cura, e a fé pessoal num começo autêntico apela para um crescimento dessa confiança em Deus que cura...

É preciso insistir neste fato, oportuna e inoportunamente, sob pena de extinguir o poder da cura do Senhor numa existência humana. Num plano, também pragmático, tudo se passa como se o Senhor tivesse necessidade de nossa "atenção confiante" para realizar o sinal de cura que ele planeja para uma doença precisa. Geralmente, estamos pouco conscientes, sobretudo no âmbito da cura física, do primeiro toque de cura da graça de Cristo.

A pessoa está pronta — em nome de uma fé ainda pouco exercida — a imaginar Cristo curando uma doença de maneira milagrosa, quer dizer: inteiramente, num instante e sem "seqüelas". A doença desapareceu quase repentinamente, sem que o doente tenha percebido o que lhe aconteceu. Esse modo de cura existe da parte do Senhor, em resposta à oração, mas está longe de ser o mais comum. Vale mais atrair a vigilância sobre uma "isca de cura", bem tímida no começo, mas já concreta para o doente, sob uma forma que ele é convidado a constatar presentemente.

A constatação pessoal de um início de cura se verifica primordial para entrar num processo de confiança no que o Senhor está em vias de realizar. Nessa medida a cura poderá desenvolver-se nos minutos ou horas que se seguem.

O carisma de conhecimento e o da fé são, nesta perspectiva, muito preciosos para ajudar no desenvolvimento de uma oração pelos doentes.

Mas o que acontece com uma pessoa a quem lhe falta totalmente atenção ao que lhe ocorre? Não correria o risco de deixar de lado a graça do momento para preocupar-se com o que não tem importância nesse instante?

Alguns argumentarão, para defender-se (contra quem?), que pensam nos outros doentes, que rezam de outra maneira, que se concentram na fé etc. Talvez, mas não estavam atentos no momento em que a graça se encontrava com eles.

Durante uma oração pelos doentes não esqueçamos nunca de exortar a assembléia à confiança no que Deus pode fazer no meio dos participantes, mas de uma confiança que ousa estar atenta a um possível começo concreto de cura.

Josceline, 56 anos, era surda do ouvido esquerdo deste os 31 anos por causa de um malfadado acidente de carro. Seu ouvido doente tinha aparelho, mas não lhe permitia ouvir direito. Ela deu o seu testemunho em Marselha, onde assistia a uma reunião de oração durante a qual me foi pedido que falasse sobre as causas espirituais da doença. No final, eu tinha proposto um pequeno tempo de oração pelos que sofrem, e Josceline estava lá.

Como acontece, às vezes, nas assembléias de oração carismática de cura, o Espírito mostra qual o gênero de doentes que ele deseja visitar de preferência em certos momentos da oração. Convidei toda a assembléia a rezar para que o Senhor realizasse sua obra de cura em pessoas que sofriam dos ouvidos. Josceline rezava intensamente, com os olhos fechados. Ela foi incomodada por um zumbido no seu ouvido esquerdo. Irritada, ela tirou o aparelho, sacodiu-o para acertá-lo e colocá-lo de volta no lugar. Mas o zumbido ficou mais forte. Ela tirou de novo o aparelho do ouvido e regulou-lhe o volume, depois fixou-o na orelha. Mas o zumbido acentuava-se. Intrigada, sua vizinha perguntou que se passava e Josceline contou-lhe, em poucas palavras, seu pequeno mal-estar acústico do momento. "E se você está ficando curada?" — perguntou sua amiga.

"Nem pense nisso! Não é possível! Além do mais, vim rezar por X, que tem um câncer."

"Mas se é você que Jesus tocou agora? Tire o aparelho e veja!"

Sem grande convicção, Josceline retirou o aparelho e esticou a orelha, tentando perceber alguma coisa do lado esquerdo.

"Parece que há uma mudança aqui dentro, mas não sei o que é" — concluiu ela, com hesitação, como se fosse indecente preocupar-se com ela mesma naquela circunstância.

"Continue a orar sem o aparelho" — aconselhou a vizinha.

Um quarto de hora mais tarde, Josceline ouvia normalmente do ouvido esquerdo, e levou para mim, alegremente, seu aparelho em sinal de testemunho.

Se Josceline não tivesse sido alertada para a sua própria cura pela vizinha, poderia ter-se "agarrado" na confiança dessa graça de cura? Quem pode dizê-lo? Infelizmente, é certo que muitas graças da mesma espécie nunca chegam à maturidade por falta de atenção na confiança. A cura operada pelo poder de Cristo é sempre um acontecimento pessoal no qual somos convidados mais a entrar do que a vivê-lo "do exterior".

QUAL A PROVA DE QUE DEUS CUROU?

É a pergunta de um mundo demasiadamente racionalizador, preocupado demais com a aura científica, enamorado demais por uma forma de inteligência que resiste à verdadeira sabedoria, aquela sabedoria que são Paulo chama de loucura (ou também de inépcia) aos olhos dos seres humanos.

Através da cura inexplicável (pela medicina), resposta à oração do crente, alguns desejariam provar a existência de Deus, enquanto outros, ao contrário, pretendem refutar "objetivamente" a ação de um Deus amante.

Um dos primeiros milagres — e sem dúvida o mais impressionante — de cura ligado às aparições de Lourdes é o de Pedro de

Rudder. Seu testemunho, expurgado rigorosamente pelos médicos e pelos eclesiásticos da época, ilustra muito bem a "tentação científica" que perpassou a Igreja até bem recentemente (para falar a verdade, já saímos dela?), a qual pretendia provar racionalmente a origem divina do milagre.[4]

Pedro de Rudder, lenhador de profissão, com 44 anos de idade, vivia com sua família perto de Bruges (Bélgica). Ficou gravemente ferido em 16 de fevereiro de 1867, por causa da queda de uma árvore. Sua perna esquerda foi esmagada, sofrendo fraturas múltiplas, com ferida aberta, através da qual os ossos saíam do corpo. De Rudder foi visto por todos os práticos da região. Diversos tratamentos médicos ou cirúrgicos (da época!) são tentados, sem nenhum sucesso. A fratura permanece aberta, a ferida persiste e infecciona-se; em 1875, oito anos após o traumatismo, nosso (ex) lenhador é ao mesmo tempo um grande doente e um grande enfermo.

Não sem uma dor terrível, sua perna pode ser movida a 180 graus contra a coxa, ao nível da fratura! Aconselhou-se a ele um aparelho de imobilização, depois uma amputação... maneira de lhe dizer que não restava nada a fazer e que a medicina do seu tempo estava sem recursos... Mas ele se recusou a aceitar o fato.

Abandonado pelos médicos, De Rudder, que era muito crente, foi, no dia 7 de abril de 1875, à capela de Nossa Senhora de Lourdes de Oostacker, perto de Gand. Por mais absurdo que possa parecer a uma inteligência rigorosamente científica, ele voltou na mesma tarde completamente curado e andando normalmente!

---

[4] Fiz um relato médico do acontecimento milagroso, bem como o de outros milagres reconhecidos pela Igreja, numa obra intitulada *La guérison extraordinaire existe-t-elle?* [*A cura extraordinária existe?*], Éditions Breg, 1982.

As investigações ulteriores registraram as declarações de testemunhas que se encontraram com o doente durante as etapas dolorosas de sua viagem de ida, bem como os testemunhos recolhidos quando voltou.

Testemunho do cocheiro, que se queixou das manchas de pus sanguinolento que lhe sujaram o carro.

Testemunho do guarda da passagem de nível que ajudou De Rudder a subir no trem e tentou convencê-lo a não seguir viagem.

Testemunho de vizinhos estupefatos, bem como do pároco.

Testemunho do médico que tratou dele.

De Rudder mesmo conta como, depois de um trajeto que foi para ele um verdadeiro suplício, rezou implorando o perdão de seus pecados e pediu a sua cura para poder alimentar a família. Depois, de repente, um sentimento de estar como que fora de si mesmo, de sentir-se movido interiormente a atravessar as filas de peregrinos para ajoelhar-se diante da estátua da Virgem, sendo que nunca dera um passo sem muleta fazia oito anos. Ele estava curado!

Examinado algumas horas após o milagre, constatou-se uma perna que se tornou de novo totalmente normal, com cicatrização das feridas, visto que os ossos tinham-se subitamente juntado e que a infecção desaparecera totalmente.

Mais tarde, pôde-se observar que a quantidade de cálcio necessário para soldar de uma vez os ossos da perna era superior à reserva de cálcio presente no sangue de um adulto.

Na Renovação Carismática, concluir-se-ia espontaneamente: "Glória ao Senhor ressuscitado!".

Cura inexplicável. Verdadeiro milagre. Nenhuma explicação racional possível, sem dúvida nenhuma! Mas o que isso prova àqueles que não estão dispostos a crer que o Senhor esteve em ação?

Muitos desejarão fechar os olhos para o caráter incompreensível do acontecimento, outros lançarão a hipótese de um ser supremo, de uma instância supranatural impessoal ou, ainda, de uma força obscura assimilável ao inconsciente coletivo. Alguns chegarão à beira da explicação paranóica ao invocar os extraterrestres ou a modificação genética a distância. No tempo da Nova Era, as hipóteses mais aberrantes impor-se-ão. Mas Deus não tem nada a ver com esse tipo de debate.

De fato, na dinâmica da cura, Deus não tem nada a provar nem quer provar nada. Porque, se ele quisesse provar assim a sua existência ou o seu amor aos seres humanos, ele se imporia a si mesmo numa dimensão de onipotência esmagadora da liberdade humana. Ora, o amor verdadeiro se impõe? Sua preocupação, cheia de um imenso respeito pelo ser amado (quer dizer: cada um de nós) não preferiria propor o seu amor e tornar-se mendigo do nosso?

O SENTIDO DA CURA

Portanto a cura divina não é "neutra", no sentido de que ela pode ser compreendida justamente como um dom desse Deus de amor que, dessa maneira (entre outras), vem bater à porta dos corações. Mas o ser humano continua sempre livre na sua resposta.

A história famosa de um produtor de televisão do canal France 3, que veio fazer uma reportagem na casa-mãe da Comunidade das Beatitudes, em Cordes sur Ciel, é, a esse respeito, muito significativa. Sua intenção era fazer um noticiário sobre "os cristãos em comunidade de vida", mas também sobre a oração de cura. Ele se definia, de partida, como totalmente agnóstico, mas desejava fazer uma reportagem honesta, que ele nos mostraria antes de ir ao ar.

Ele era muito míope havia vários anos, obrigado a usar lentes fortes. Acompanhado de sua equipe, ele entrou pela primeira vez na capela da comunidade e, depois de uns dez minutos, seu colaborador observou que ele esquecera de pôr os óculos, mas mesmo assim estava se saindo bem. O produtor se admirou, persuadido de que tinha os óculos sobre o nariz. Mas eles tinham ficado no bolso. Ele olhou em redor de si, estupefato, exclamando que via normalmente sem óculos.

Quando saiu da capela, porém, constatou que, novamente, não via mais nada sem os óculos.

"O senhor quis que eu ficasse com o seu Deus!" — disse ele irônico. Perguntamos como. Ele voltou para a capela e nova surpresa: ele viu, de fato, normalmente e sem óculos!

Cada vez que ele estava na capela, ou mesmo em certos lugares da casa, a sua visão voltava clara, como se a forte miopia tivesse desaparecido. No entanto, assim que saía, voltava a ver mal. Sua equipe caçoava simpaticamente dele, dizendo que tinha ocorrido um milagre. Mas depois de dois dias de filmagem dentro da comunidade, ele me confiou: "Alguma coisa está acontecendo, mas essa história de Deus não me interessa. Então, eu o tiro da minha memória". E durante os últimos tempos da filmagem não experimentou mais essa graça de cura intermitente, que era, sem dúvida, um sinal do Senhor. Somos livres, terrivelmente livres para acolher ou não os pequenos (ou os grandes) sinais do amor de Deus!

Prova de Deus ou sinal de sua misericórdia?

Para melhor entrar no mistério da cura, convém voltar à questão da prova. Comecemos fazendo a diferença entre prova e sinal.

A prova é um traço de conhecimento que se impõe à razão. Como tal, a sua pertinência é indiscutível e não se abre a um diálogo. A prova se impõe, nunca se propõe! Seu poder — enquanto prova — é de convencer logo de início. Não envolve nem a liberdade nem o discernimento, mas entra no campo do racional, do científico. Se Deus nos criou livres, como nossa fé cristã atesta, ele não pode, nem quer, "provar-se" a nós. Porque isso seria negar seus próprios dons, especialmente o da liberdade do ser humano. Do mesmo modo, se Deus nos dá o exercício do dom de nossa inteligência a serviço da verdade, portanto numa educação para um verdadeiro discernimento, ele nunca utilizará a arma da prova, porque o crescimento da inteligência e do espírito no ser humano seria impedido, até aniquilado. Trata-se de sondar os caminhos do Senhor, de penetrar o mistério, de comportar-se sempre mais como filhos e filhas de Deus.

Em compensação, o sinal se propõe às capacidades de interpretação, que são as nossas. Um sinal anuncia e manifesta o que está além dele mesmo. Um sinal é, finalmente, qualquer coisa simples, mesmo quando é grandioso, pois tem a "vocação" de apagar-se diante de seu autor, de revelá-lo de uma certa maneira. Nesse sentido espera uma resposta, que é da ordem da fé e da confiança.

Por isso é preciso dizer e repetir sem cessar que as graças da cura nunca são provas, mas sinais de Deus. Nesse sentido elas são dadas para desvelar, pelo menos um pouquinho, aquele que as concede na sua bondade.

Nesse sentido elas são um sinal exclusivamente para aquele que sara? Claro que não! O sinal de cura, seja qual for, é assimilável ao gesto do semeador, que lança a semente por toda parte com a esperança de que ela "pegue" ao máximo. Dito de outro modo: o sinal é tanto para o doente como para aqueles que são beneficiados com o seu testemunho. Daí a importância deste último, que é urgente lembrar àqueles que foram pessoalmente curados.

Recentemente, fui abordado por uma mulher de 58 anos, que nunca vira antes, e que me disse com um grande sorriso: "Sabia que eu estava na oração pelos doentes da comunidade de Cordes, no sábado à tarde, e que fui curada?"

"Desculpe, senhora, mas eu não me lembro. Quando foi isso?"

"Faz seis anos."

"E de que o Senhor a curou?"

"De um câncer com metástase! Tinha começado no seio e 'desceu para o fígado'. Foi dada uma palavra de conhecimento que evocou uma mulher de minha idade, que tinha a mesma doença que eu e que o Senhor estava curando. Não entendi muito bem o que aconteceu. Mas o médico, que consultei na semana seguinte, me disse que eu estava muito melhor e que era inesperado. Três meses depois ele me afirmou que eu estava inteiramente curada. E que não compreendia como acontecera..."

Eu estava completamente admirado. "A senhora disse que faz seis anos? Por que não deu testemunho antes?"

"Era preciso que eu testemunhasse?"

Essa resposta me deixou desconcertado. Um tal testemunho autêntico certamente teria contribuído para fortalecer a confiança de muitos outros doentes.

A QUESTÃO DA GRATUIDADE

A idéia de um Deus que dirige assim sinais de seu amor, verdadeiras interpelações para descobri-lo, mais do que a própria cura, deixa muitos num certo mal-estar.

Certo dia, quando pregava um retiro para sacerdotes perto de Zurique, um padre me fez esta reflexão: "Compreendo que Deus queira dar-nos sinal pela cura para desvelar-nos o seu amor. Mas é preciso ver toda cura como um sinal? Deus não poderia, às vezes, curar 'gratuitamente', só por misericórdia, simplesmente para dar alívio?".

Esse padre tinha razão em colocar a questão, pois percebia algo do poder inocente e gratuito do Senhor. Mas levei alguns minutos para detalhar a minha opinião a respeito. Por que projetar sobre Deus a maneira de pensar de um ser humano? Aquele que concede sinais da sua misericórdia é o mesmo que dá a cura para "fazer o bem". Aquilo que podemos intelectualmente analisar como duas atividades distintas é de fato apenas uma. Não há contradição entre as duas atitudes: quando Deus pratica misericórdia, ao mesmo tempo realiza um sinal e manifesta o seu desejo de aliviar um sofrimento. Essa é a verdadeira gratuidade de seu amor!

Os sinais messiânicos de cura

Ao curar os doentes, tanto hoje como ontem, Cristo age valendo-se de sinal, sinais diversos e variados que sua sabedoria escolheu para espalhar entre o povo crente e as multidões descrentes. Todo sinal de Deus vai, pois, mais longe que seus frutos imediatos, e os seres humanos assim tocados pelos sinais são convidados, ao mesmo tempo, a buscar o rosto daquele que tenta desvelar-se ao seu coração.

No entanto, é exato, particularmente nesses tempos, que os sinais de cura, livremente concedidos pala misericórdia divina, se refiram mais freqüentemente a três grandes âmbitos da aflição corporal: as doenças que alteram as funções visuais, auditivas e locomotoras. Uma tentativa de explicação nos ajudará a compreender melhor um traço da sabedoria de nosso Deus.

Foi em agosto de 1998, em Marselha. A Renovação Carismática da cidade tinha convidado, mais de três anos antes, padre Tardif, por causa das muitas assembléias de oração pelos doentes. Sua vinda tinha o apoio de dom Panafieu, arcebispo de Marselha. Emiliano Tardif tinha-me contatado alguns meses antes para pedir que viesse rezar com ele, o que aceitei com alegria.

Mais de 5 mil pessoas se acotovelavam na catedral, na expectativa das maravilhas do Senhor. A oração tinha começado com um tempo de adoração diante do Santíssimo Sacramento, seguido de uma exortação de padre Tardif sobre um de seus temas preferidos: "Eucaristia e cura". Foi num clima de profunda adoração que a oração de pedido começou, sem preocupar-se absolutamente com o sentido primeiro da adoração eucarística, o qual deve ser respeitado em toda oração "acrescentada" durante a exposição da sagrada hóstia.

O Espírito Santo foi invocado sobre todos os doentes presentes e em seguida deu-se lugar aos carismas de cura e de conhecimento. Emiliano, habituado ao ministério carismático, percebeu no seu coração que o Senhor queria tocar pessoas com problemas nos olhos, e todos se associaram à oração de fé. Na profecia audaz autêntica, Deus se mostra fiel ao encontro, mesmo se a prática dos carismas (especialmente o da fé e do conhecimento) pode surpreender, até irritar, certas sensibilidades.

Alguns minutos mais tarde, interpelados pela experiência de uma cura, várias pessoas vieram dar seu testemunho. O louvor da assembléia cresceu em fervor, e continuamos a oração. Voltando-se para mim a fim de me "passar a vez", Emiliano perguntou se eu tinha recebido outra "informação" interior da parte do Espírito. Sem hesitação, concordei e comecei uma oração pelos doentes com problemas nos ouvidos. Então, também, a expectativa (na confiança) do povo reunido era quase palpável. Pouco tempo depois, as testemunhas se apresentaram para contar a todos como o Senhor as libertara de problemas auditivos, sem importar qual fosse a doença em questão.

A alegria da multidão chegava ao seu máximo, mas sem qualquer excitação de má qualidade. De alguma maneira se tocava a presença do Deus vivo no meio de nós. E a oração prosseguiu, e até nos ultrapassou em seus frutos. Antes mesmo de serem formulados novos anúncios proféticos, uma mulher jovem acometida de paralisia das pernas se levantou de sua cadeira de rodas e começou a andar (com uma hesitação bem compreensível), sob uma trovoada de aplausos, logo seguida de outros libertados de enfermidades e descobrindo que podiam, agora, andar sem dificuldade.

Ainda ouço padre Tardif louvar o Senhor e agradecer a ele pelos sinais de cura que nos concedia nesse dia, sinais messiânicos, quer dizer: que anunciam a salvação dos seres humanos, como nos evangelhos, sinais detalhados pelo próprio Jesus: "Os cegos vêem, os coxos andam, os leprosos ficam limpos e os surdos ouvem, os mortos ressuscitam e os pobres são evangelizados" (Mt 11,4-5), retomando o livro de Isaías (31,4s; 42,18; 61,1).

Os leprosos de hoje não são os mesmos que os dos evangelhos, mas o sentido profundo permanece atual: a lepra exprime aquilo que afasta Deus de seus irmãos, particularmente a do pecado. Quanto aos mortos que ressuscitam, não soube de fontes seguras que pessoas que acabaram de morrer voltaram à vida (embora certos santos tenham, sem dúvida, realizado tais milagres). Mas o sinal da "cura-ressurreição" não deve ser situado exclusivamente num plano físico. Está relacionado, entre outras, à questão da ferida da vida, que evocaremos mais tarde.

POR QUE "MESSIÂNICAS"?

Assim o Senhor nos ensina — por sua concretização — a existência de três formas de cura física, que correspondem aos sinais messiânicos, tal como ele desejou realizá-los durante o seu ministério público. Para descobrir o sentido messiânico, convém ir além do sinal em si.

A cura dos olhos doentes (independentemente da doença em questão) significa esta graça de Deus concedida para abrir nossos olhos doentes, os do coração, os da fé, que nos fazem ver o invisível e discernir a realização das promessas do Senhor em nossas vidas. Esses olhos interiores nos fazem também entrever o bem do outro antes do nosso.

A cura dos ouvidos doentes, além do alívio físico que concede, lembra que temos necessidade de escutar a Deus, de nos alimentar de sua Palavra, de entrar na confiança filial, de ouvir igualmente o Senhor falar-nos através de nossos irmãos.

A cura de coxos, ou da paralisia,[5] vai além do benefício corporal, aliás não negligenciável, pois promove a vocação do ser humano enquanto de pé e em marcha. De pé para a oração, para um caminho de liberdade, para o crescimento em dignidade. Em marcha, no seguimento de Cristo, no serviço dos seres humanos (sobretudo aqueles que não conhecem ou conhecem demasiado pouco o grande amor de Deus).

Os sinais messiânicos não relativizam os outros sinais de cura, mas esclarecem à sua maneira a estratégia de amor do Senhor. Não implicam de modo algum que as outras curas físicas obtidas pela prece sejam inúteis aos olhos de Deus, ou menos freqüentes aos olhos dos seres humanos, assim como os sinais, mais numerosos ainda, de cura interior. Bem ao contrário, quando se realizam, favorecem a acolhida de outras curas, sem dúvida pelo fato de seu alcance profético mais forte.

Eu estava em Caiena, na Guiana, numa assembléia de evangelização com oração de compaixão na praça pública da cidade. Atraídas pela animação do louvor, muitas pessoas paravam e punham-se a rezar. Outras pessoas estavam

---

[5] No Evangelho, a paralisia não tem o seu sentido médico de hoje. Ela agrupa todos os tipos de afecções, de gravidade variável, que impedem o ser humano de mover normalmente uma parte, até a totalidade, de seu corpo.

lá fazia horas, esperando a hora da celebração. Denise era uma delas. Tinha 40 anos e sofria de esclerose. Toda a sua família a cercava naquela noite, esperando um milagre. E o milagre aconteceu já no começo da oração. Ela foi a única a experimentar imediatamente uma cura física manifesta, mas a multidão estava entusiasmada. Para muitos, era a primeira vez que assistiam a um tal "espetáculo", o de um Deus que se enternece e faz maravilhas.

Eu esperava que outras pessoas fossem curadas de problemas de paralisia, mas o Espírito decidira outra coisa. Muito rapidamente a oração evoluiu para a libertação das angústias de morte, ligadas ao desaparecimento de entes queridos, à experiência do aborto ou a práticas perversas. As palavras de conhecimento imediato foram abundantes nesse sentido, inesperadas e chocantes.

"O Senhor visita uma pessoa angustiada desde que perdeu o filho de 13 anos num acidente de carro há dois anos."

"O Senhor toca duas mulheres com idade de 20 e 22 anos que se entregam habitualmente à prostituição e estão lá como curiosas, no fundo da praça. Elas são convidadas a mudar de vida nesta mesma tarde para experimentar a paz e o amor de Jesus."

"O Senhor interpela um homem de 52 anos, angustiado porque deixou a mulher há duas semanas sem dizer aonde ia e está com medo que ela se suicide. É convidado a acolher uma graça de paz e a voltar ao domicílio conjugal."

A lista completa seria longa e cansativa. Mas particularmente longa nessa noite foi a fila dos(as) que queriam receber o sacramento da reconciliação, mas que vinham discretamente (e não em público, visto o caráter íntimo das profecias de cura) dar o seu testemunho. Todas as palavras de conhecimento imediato foram confirmadas (o que é raro num ministério carismático), e muitas outras pessoas vieram agradecer ao Senhor pela graça da paz que acabavam de receber, pois viviam situações às vezes extremamente dolorosas.

Vários não hesitaram em dizer que o testemunho da cura física de Denise os tinha como que encorajado a se deixarem visitar pela misericórdia em nível de seu sofrimento interior.

Quantos caminhos de cura interior um sinal messiânico pode abrir... Os amantes de cura física espetacular tiveram a sua decepção relativizada pelo alívio visível de Denise, mas sobretudo pelo clima de paz profunda que invadiu todos os corações. Os caminhos de Deus não são os nossos e os decretos de sua sabedoria surpreendem sempre. Basta ficar dócil ao Espírito na oração e sua vontade se cumprirá, para a alegria de muitos.

4

Por que Deus curaria?

Esta pergunta, classicamente feita à Renovação Carismática e à Igreja, não é neutra; suas intenções às vezes se mostram ambíguas. O fato é que a cura incomoda, por razões múltiplas mais ou menos claramente reconhecidas.

Um Deus que suscita numerosos sinais de cura faz, de certa maneira, "concorrência" ao orgulho científico, até materialista, ou, mais amplamente, à tentação prometéica de um intelecto humano que tem uma tendência clara para a independência (especialmente na França!). A gente tolera enquanto Deus fala apenas de si; mas, quando começa a fazer sinais para nós, a coisa muda.

Os sinais já revelam alguma coisa da existência divina, uma existência que incomoda a mais de um entre os que a recusam pura e simplesmente ou — mais temível — entre os que forjaram para si mesmos o "seu deus", segundo a sua fantasia, a sua ideologia ou o seu sofrimento interior.

Um Deus que multiplica os sinais de cura já declina — ao menos um pouco — a sua identidade, que se pode qualificar assim: o Amor! A este respeito gosto de citar a frase magnífica da bem-aventurada Isabel da Trindade: "Há um ser que se chama Amor e que deseja viver em sociedade (quer dizer: em comunhão) conosco". No entanto grande número de pessoas não desejam ser amadas assim por Deus, só se for "de longe", contanto que não incomode demais, ao que se chama, humoristicamente, pôr Deus na segunda fila!

Um Deus que cura os corpos e os corações, que subverte a ordem presumida das coisas e o equilíbrio precário de nossos raciocínios e de nossas certezas racionais.

Um bispo de um país de língua francesa me dizia há alguns anos com seriedade: "Meu amigo, por que querer que o Senhor cure hoje, já que atualmente temos médicos!?". O argumento me deixou pensativo até que soube que esse bispo tinha cursado uma formação médica antes de entrar no seminário... É verdade que a medicina progrediu nesses 2 mil anos, mas o ser humano ainda necessita muito dos sinais do amor de Deus, talvez, hoje, mais do que antes.

OS SINAIS NO EVANGELHO E NA NOSSA EXISTÊNCIA

Contemplemos o maior dos sinais dados pelo Deus Vivo, a saber: a cruz de Cristo. Porque a cruz, embora seja antes uma experiência de morte e de ressurreição para o Filho de Deus encarnado — experiência que se prolonga na Igreja e se propõe a todo batizado —, a cruz é também um sinal (e não uma prova) do amor do Pai para todos os seres humanos. O sinal da cruz é bem acolhido por aqueles a quem se destina? Deixo ao leitor o cuidado de responder.

Em comparação com o sinal da cruz, eminente e eloqüente, o sinal de cura é fraco, certamente, mas real. E incomoda, também, mas não tanto como a cruz em si.

As curas dos evangelhos pertencem, evidentemente, à ordem do sinal, e as que Cristo ressuscitado opera hoje na sua Igreja o são também. Mas ao dar sinais de cura Cristo propõe, ao mesmo tempo, uma experiência: experiência de sua presença na vida de todo ser humano; experiência de sua misericórdia, pela qual seu amor se une ao sofrimento humano; experiência de sua proximidade, pois nós suspeitamos facilmente que ele esteja tão longe de nossa existência, de nossa oração, de nossas preocupações.

Por isso um sinal de Deus é um convite feito ao ser humano para sair de sua ignorância.

Um provérbio chinês diz: "Quando alguém mostra a lua com o dedo, o ignorante olha o dedo". Ficar no sinal e contentar-se com ele não constitui em si uma falta, mas muitas vezes é um drama ligado à ignorância, a saber: de faltar a um encontro essencial, vital para nosso futuro.

A cura é, pois, uma graça que não está reservada ao seu beneficiário (a pessoa curada), mas pertence também àqueles e àquelas em volta, que acolherão o testemunho ou aceitarão constatar, com espírito aberto, a sua autenticidade. Constitui um convite a lembrar e a experimentar.

Lembrar a partir da cura obtida quer dizer: recordar a presença de Deus na nossa existência, mesmo se esta é perturbada por muitas dificuldades. Com esta memória podem crescer dois desejos profundos: o da adoração e o da reconciliação. "Deus está lá, perto de mim, e eu não o sabia (ou não sabia mais). Mas encontro-o (porque ele me encontra primeiro) e quero voltar para ele."

Experimentar uma graça de cura quer dizer: "tocar com o dedo" (o da fé) em minha existência a sua misericórdia para comigo, seu olhar colocado sobre mim pessoalmente, seu amor que pode mudar a minha vida, a sua luz que pode iluminar o meu caminho (ou ainda as decisões que devo tomar hoje).

Eis por que Deus gosta de curar.

Entretanto não ignoramos a dimensão humana de uma tal experiência: quando uma pessoa recebe uma graça de cura, ou assiste à cura de outra pessoa, raramente está em condições de viver *conscientemente* a dupla finalidade do acontecimento (sinal e experiência), tão forte é a emoção ou a surpresa legítima do momento. Todavia a emoção ligada à cura está destinada a dissipar-se, como toda emoção saída de uma sensibilidade humana. Que resta, então, do dom de Deus? É quando uma boa compreensão da "estratégia de amor" do Senhor se torna necessária para fazer de um sinal de cura uma experiência de salvação, que logo se chamará "cura verdadeira".

Rimini (Itália), maio de 1999, grande reunião nacional da Renovação Carismática Católica, 40 mil pessoas. Os organizadores tinham convidado João Pliya para falar sobre o tema do filho pródigo (Lc 15). A mim foi confiado o tema do filho mais velho da parábola, concluído com o breve tempo de oração de cura interior pelas feridas análogas à desse irmão mais velho um tanto enigmático do Evangelho. Endurecer-se em relação à nossa paternidade, chegando a rejeitá-la, ainda que inconscientemente, ocasiona sofrimentos profundos e penosos, como uma bola de chumbo amarrada à nossa perna e que freia a marcha, entravando o desejo de viver.

Raramente vi uma tal multidão aplicada à oração interiorizada de cura interior. Numa grande atenção à passagem de Deus, as pessoas estavam transtornadas por uma efusão da ternura divina, e cá e lá os olhos se enchiam de lágrimas, lágrimas de arrependimento, de conversão, de volta a um amor paterno abandonado. A emotividade italiana não explicava tudo...

Inês estava lá com seu marido. Com 28 anos de idade, casada havia nove anos, ela afundara numa profunda depressão alguns dias após o casamento. A tristeza mórbida era permanente, sem nenhuma remissão, apesar das prescrições médicas de antidepressivos, bem como várias internações em ambiente especializado. Seu marido não sabia mais o que fazer e sofria terrivelmente com o estado de sua mulher. Nove anos de casamento, nove anos de depressão de Inês, e do cônjuge.

Estava ela preocupada com o sofrimento interior do filho mais velho? Ela não sabia dizer. Mas o clima de oração da multidão se apossara dela desde os primeiros instantes;

e, com seu marido, ela suplicava ao Senhor que a libertasse de sua depressão. Alguns minutos mais tarde, uma onda de paz e de calor interior a submergiu e "ela sentiu o véu da depressão colocado sobre o seu coração levantar vôo de repente". Num instante ela ficou aliviada desse ambiente mórbido que impregnava seu psiquismo e suas relações. Ela descobriu-se "uma nova mulher", habitada por outra coisa que a tristeza e percebendo que o seu coração se fechara havia muito tempo em relação ao seu pai, sem, todavia, lembrar-se de uma causa precisa.

Certamente, poder-se-ia invocar o valor terapêutico momentâneo de uma emoção intensa. Mas a cura da depressão se mantém, e sem nenhum medicamento, há dois anos. Inês e o marido descobriram a "verdadeira" vida conjugal e sua família cresceu. No entanto a história não terminou aí e o *happy end* não é o que se poderia pensar.

Algumas semanas mais tarde, Inês, feliz por gozar de uma paz interior e libertadora, abriu-se a uma nova evidência: numa multidão de 40 mil pessoas ela recebeu uma grande graça de cura. Entre uma multidão, Cristo olhou para ela, reconheceu-a, manifestou-lhe pessoalmente o seu poder de amor. Por que tal escolha? Sem dúvida, outros em torno dela tinham necessidade de uma cura e não a receberam. Ela, Inês, foi gratificada com um favor imenso, e a ação de graças — por oportuna que seja — não lhe parece, intuitivamente, bastar. O Senhor espera dela uma coisa diferente de um louvor passageiro.

Tal questionamento interior se torna a ocasião, para Inês e seu marido, de descobrir um caminho de crescimento espiritual pelo qual o Deus de misericórdia desejaria conduzi-los. A alegria de ser curada foi substituída pela de "fazer algo de sua vida" para Deus. Hoje, eles são responsáveis por uma equipe de acompanhamento terapêutico para casais em dificuldade, nos arredores de Roma, em ligação com o pároco de sua paróquia, e seu ministério rende frutos incontestáveis de paz e de reconciliação conjugal ou familiar.

Inês foi até o final de sua cura, obtida pela oração. Com seu marido, ela descobriu o poder do sinal e o de uma experiência transformadora da presença de Deus na sua vida.

Esse testemunho nos leva a uma dedução primordial: não é ao aspecto sensacional de uma cura que convém avaliar a sua qualidade e o seu valor. A graça da cura, vista como sinal, nos permite perceber que o essencial reside no impacto do acontecimento no nível do coração da pessoa curada ou dos "espectadores" dessa graça recebida de Deus. Novamente o acento é posto sobre a importância do testemunho, que, na medida da sua veracidade, produz "o bom impacto" no coração daqueles que o recebem.

Inversamente, convém denunciar a busca de "sensacionalismo" no exercício do ministério de cura, com a ilusão de crer que, quanto mais um acontecimento de cura é "maravilhoso" na ordem do espetáculo, mais ele é evangelizador. Certos membros das "igrejas separadas" não hesitam, por esse motivo, em "inflar" os testemunhos, até a montá-los, com a intenção de fazer proselitismo. Tais práticas apenas refletem a sua ignorância quanto ao verdadeiro poder do Espírito Santo, pois essas mesmas "igrejas" o invocam abundantemente.

O ministério de oração pelos doentes leva muitas vezes a constatar que, apesar do caráter impenetrável dos caminhos de Deus e da "seriedade" de sua vontade, o Senhor não deixa de ter humor. Mas sempre em vista de um ensinamento de sua sabedoria.

Certo dia, fui convidado a animar uma tarde de oração de cura numa grande cidade do norte da França. O tempo estava frio e feio, o que não impediu as pessoas de enfrentarem as intempéries para vir concentrar-se e confiar ao

Senhor as suas intenções e seus sofrimentos. Foi-me dito: "Sobretudo, sem exagerar nas manifestações carismáticas, pois os padres não gostam muito!". Como prefiro a paz entre carismáticos e padres "reticentes" em relação à Renovação, decidi não exercer o carisma de conhecimento, pois sabia que é o mais controvertido dos diversos carismas ligados à cura.

No entanto, desde o começo da oração pelos doentes, após a leitura inicial da Palavra de Deus, seguida de uma breve exortação, parecia que o Senhor agiria com poder, sem necessidade de praticar os carismas (o Espírito se dobra sempre — ou quase sempre — às exigências daqueles que encarnam a autoridade da Igreja, mas não se deixa abafar por isso na sua ação visível).

Decidi convidar ao "testemunho por categoria", quer dizer: pedir que as pessoas concretamente tocadas pela graça da cura chegassem até o pé do altar, sem no entanto contar a sua história, por simples questão de tempo. De fato, no plano da organização estrita, uma assembléia de oração pelos doentes dura provavelmente duas horas pelo menos, sem contar os testemunhos. Quando se acrescentam estes últimos, mais ainda, se o seu número for importante, o tempo de reunião dobra facilmente. E não tínhamos a noite toda para orar nessa igreja.

Convidei, então, primeiro as pessoas que tinham experimentado concretamente uma graça de cura física para que se aproximassem do altar. Umas 30 se moveram lentamente para o coro, sinal de que Deus visitava o seu povo. Entre esses trinta, notei um homem com cerca de 50 anos, que se ajoelha nos degraus sem dificuldade notável. Acompanhadas por um canto de ação de graças, essas pessoas voltaram, em seguida, ao seu lugar; convidei, então, aquelas que, na assembléia, receberam uma graça de reconciliação profunda.

Agora, umas 100 pessoas avançaram, num passo simples e muito comovente, testemunhando, assim, a sua experiência da misericórdia divina durante a oração. E eu notei o mesmo homem, que vinha de novo ao altar. Intrigado, imaginei que ele talvez não tivesse compreendido bem a proposta e lembrei simplesmente, ao microfone, que só se deslocassem para o testemunho aqueles que haviam experimentado concretamente uma graça de cura durante o tempo de oração.

Convidei, em seguida, as pessoas que experimentaram uma graça de cura ou de pacificação interior a se aproximarem do altar. Dentre as quase trezentas pessoas que se manifestaram, o homem já observado fazia parte do cortejo. Distraído pelo que eu pensava ser uma "ligeira incompreensão", hesitando entre a dúvida e a diversão, continuei a animação da oração e provoquei um novo canto de louvor, de tal maneira a presença do Senhor era evidente naquele lugar e naquela ocasião. Os padres locais, reticentes no começo, se admiravam do desenrolar harmonioso da oração e dos frutos que assim se exprimiam.

Finalmente, convidei aqueles que haviam recebido uma graça (ao mesmo tempo que um chamado) para mudar totalmente de vida. Cerca de duzentos se manifestaram... entre os quais, mais uma vez!, o caro senhor de cerca de 50 anos, que parecia não ter captado a pedagogia da celebração, ou talvez sofresse de "gula espiritual". A tarde encerrou-se com um grande louvor, e um sacerdote veio dizer-me o quanto ficara favoravelmente impressionado pelo tipo de celebração. Lamentava apenas que alguns (alusão ao nosso homem) tivessem tido um comportamento impróprio e talvez supersticioso. Nada é realmente perfeito neste mundo.

No dia seguinte, domingo, à saída da missa, encontrei por acaso o homem da véspera, o das muitas idas ao altar.

"Gostaria de dar em alguns instantes o meu testemunho", disse-me ele.

"O senhor não o fez visivelmente ontem à tarde?", respondi.

"Não, minha atitude ontem à tarde pode ter surpreendido e estou desolado por isso, mas não podia brincar com a verdade. Recebi uma graça de cura para cada anúncio que o senhor fez e não podia deixar de testemunhar por cada uma. Eu não podia mais dobrar o joelho direito fazia três anos, por causa de um traumatismo com artrose, e, ontem à tarde, me ajoelhei sem dor. Fiquei muito emocionado. Fazia 20 anos que não me confessava e, durante a oração, fui impelido a procurar um padre. É uma graça de reconciliação, não é? Estava separado de minha mulher havia tempo e ela me pedia para voltar a viver com ela. Ontem, recebi o desejo e telefonei para ela dizendo que voltaria para pedir-lhe perdão e anunciar que iria morar com ela. É sem dúvida uma conversão, o senhor não acha? Eu era possuído havia dezenas de anos por uma violência em relação ao meu pai, que abandonou a nossa família quando eu tinha oito anos, e, ontem à noite, tudo isso sumiu. Não é o que o senhor chama de cura interior?"

Eu estava confuso! Aquele homem tinha experimentado uma sucessão de graças de cura, como acontece raramente num lapso de tempo tão curto, e eu duvidei. Certamente, agradeci em meu coração, mas agradeci igualmente pelo ensinamento que o seu testemunho acabava de dar-me. Depois disso, não se reza mais pela cura com a mesma disposição interior!

Por outro lado, porém, como não ver nesta história verdadeira um sinal, um verdadeiro traço de humor de nosso Deus? Humor de que muitos gostariam de provar mais!

Um leque inaudito de curas

Esse testemunho ilustra também, à sua maneira, a multiplicidade dos sinais de cura. Quando se ouve a palavra "sinal", tem-se a tendência a representar um acontecimento imediatamente visível, palpável aos nossos sentidos, relacionado ao corpo. Não há nada mais errado, e a cura física não tem, em relação ao Senhor, nenhuma importância a mais que as outras formas de cura, cuja gama é muito ampla.

Do mesmo modo, numa mesma "categoria" de sinais de cura, a gravidade da doença prévia não determina a grandeza do sinal. Curar um câncer nos parece, em nossa apreciação bem humana, mais "significativo" do que a cessação definitiva de uma dor de cabeça periódica, por exemplo. Todavia ficamos prisioneiros de uma escala de gravidade que não existe na "mentalidade" de Deus. Ademais, o que conta, em termo de sinal, é o que o doente experimentou por ocasião de sua cura. O sinal é o próprio doente curado, que, mediante o seu testemunho, no-lo transmite da parte do Senhor.

Num dia de verão de 1998, fui convidado para uma reunião de oração muito simples, no sul da França, onde alguns amigos tinham formado um grupo de oração interconfessional. Tinham pedido que eu desse um ensinamento bíblico sobre a Providência Divina. Como pode acontecer espontaneamente numa assembléia, intercessões por diversos doentes explicitamente nomeados brotaram publicamente. Tínhamos concluído por uma oração pelos doentes, muito breve, em resposta à qual uma grande unção de alegria descera sobre a assembléia. Num clima de festa, testemunhos tinham sido dados, também espontaneamente, todos de cura física. Um homem de 46 anos, que sofria de artrose da perna esquerda, podia de novo andar depois de dois anos de imobilização forçada; um rapaz de 16 anos, asmático permanente, sentira sua caixa torácica dilatar-se e respirava normalmente; uma mulher de 67 anos, imobilizada por uma artrose da coluna cervical, podia virar a cabeça em todas as direções sem nenhuma dor, coisa impossível antes daquela noite. Tais testemunhos eram imediatos, quer dizer, referiam-se apenas a curas constatáveis no momento. Outras curas físicas ocorreram, mas precisavam de um prazo ou de uma constatação médica para ser objeto de um testemunho.

Adiantou-se um homem, que tomou publicamente a palavra:

"Peço desculpas porque não experimentei cura física para testemunhar. Mas hoje recebi uma graça importante para mim: a de poder perdoar minha mulher, que fez aborto cinco anos atrás sem me informar. Eu soube mais tarde, acidentalmente, e fiquei terrivelmente magoado, a ponto de não querer mais dirigir-lhe a palavra. E nesta tarde recebi no meu coração a força para perdoá-la. Queria dar testemunho também para confirmar diante de vocês o perdão que, afinal, lhe dei e espero que o Senhor toque o coração dela também e lhe devolva a paz."

Suas palavras foram inesperadas, pois contrastavam com o que tínhamos ouvido antes. Houve um momento de surpresa, seguido de uma trovoada de aplausos. Aquele sinal de cura era, afinal, mais comovente do que os outros, embora menos visível. Foi sem dúvida o sinal que a maioria dos participantes da assembléia guardaram mais vivamente na memória, pois veiculava com evidência uma esperança de que muitos tinham uma necessidade não confessada.

Os sinais de cura são, pois, multiformes, e é bom lembrar as diversas categorias que constituem em relação aos seres humanos:

- cura corporal
- libertação de influência de forças más

- libertação de certas formas de dependências autodestrutivas (droga, álcool, certos medicamentos...)

- conversão de certos comportamentos ou modos de ser desequilibrados no plano moral

- cura de perturbações psicológicas

- cura da afetividade ferida

- cura do imaginário desordenado

- cura da relação inibida, entravada ou desviada (inclusive a relação pessoal com Deus)

- cura-reconciliação (as cinco últimas categorias podem ser agrupadas sob o termo cura interior)

- cura de ordem conjugal ou familiar

- cura de ordem social

Cada uma dessas categorias representa um âmbito em que a saúde do homem pode ser alterada ou ferida.

Nossa concepção da cura no poder do Espírito é convidada a ampliar-se, assim como a da vontade divina em matéria de cura. Se um impulso de fé autêntico, vivido num verdadeiro espírito de oração, convida os orantes a crer que Deus quer curar, hoje, no seio da assembléia que constituem, convém não se "fixar" na cura física. Por que o Senhor não desejaria dar sinais de cura que não fosse corporal? É caindo neste erro que se vendam os olhos a respeito da acolhida dos sinais e a respeito da emergência dos carismas de cura, da verdade tão rica.

Os decretos da sabedoria

Seja como for, não nos deixemos nunca fascinar pelo leque tão largo dos sinais de cura (outrora chamada de cura sintomática), a ponto de esquecer a sabedoria divina, a qual pretende fazer-nos passar do sinal à "verdadeira cura". O Senhor é paciente e cheio de misericórdia; ele espera confiando em nós, supre nossas carências, nossas reticências, nossos medos profundos. Mas ele sempre consegue fazer-nos lembrar, de uma maneira ou de outra, que os sinais, por abundantes que sejam, mostram àquele que se deixa interpelar por eles (o doente curado, uma ou várias testemunhas ou os que estão perto do sinal) que é chamado à "cura verdadeira".

Que é a cura verdadeira? Trata-se de um caminho de crescimento espiritual pelo qual o homem (ou a mulher!), interpelado em seu coração profundo, orienta — ou reorienta — a sua vida para o Senhor, numa busca sincera da vontade dele. É aí que o sinal de cura faz oscilar numa dinâmica de santificação que se pode chamar de "cura verdadeira".

É delicado definir essa última de uma maneira única, pois assim é fácil reduzir a ação de Deus numa existência humana. Talvez se prefira falar de entrar em relação de amizade — portanto de reciprocidade de amor — com Cristo, e também se terá razão. São Paulo tinha o desejo ardente de "conhecê-lo" e de "ser conhecido por ele" (o que uma graça de cura não contém por si mesma), ou ainda não ter mais nada para esconder dele ou para recusar-lhe.

Em suma: é assim que a cura sintomática se abre à noção de experiência de salvação (ou de verdadeira cura), a qual se torna uma relação de amor e de dom de si àquele que é o único que salva, Cristo.

Cura e salvação

O programa pode parecer presunçoso e "planar" muito acima das curas relatadas no Evangelho. Pensar assim seria simplesmente considerar Jesus como um dos curadores de seu tempo, que não têm ninguém a revelar senão eles mesmos. Mas se Cristo é Deus, então a cura que ele concede vai até lá, sem seleção e sem mérito prévio. Tudo é oferecido, tudo é gratuito. Mas se muitos esperam os sinais de cura, quantos há que desejam entrar na cura verdadeira quando foram tocados pela ação do Senhor neles ou em tal ou tal doente próximo deles?

Ars, 1994. Reunião carismática organizada pela Communauté des Béatitudes. A basílica do santuário tinha dificuldade em conter as cerca de 6 mil pessoas que tinham vindo passar cinco dias de festa, de celebração, de partilha fraterna. Na tarde do terceiro dia, padre Jacques Marin e eu animávamos a oração pelos doentes, e aquele foi um tempo forte de peregrinação, onde as palavras de conhecimento imediato eram dadas em abundância, e rapidamente confirmadas, sinais de uma chuva de graças de cura concedida pelo Deus rico em misericórdia.

Uma palavra profética ressoava com um poder incomum. Mas não anunciava uma espécie de milagre:

"O Senhor toca nesta assembléia um homem entre 30 e 40 anos, que é chefe de uma quadrilha da região de Lyon. Ele não está aí por razão espiritual, mas para roubar. Pode ser reconhecido porque tem no bolso esquerdo uma carteira que acaba de surrupiar e no bolso direito três cigarros de maconha. O Senhor o interpela neste mesmo instante e lhe diz que tem um encontro marcado com ele hoje. Ele é convidado a buscar o mais rápido possível um padre para receber o perdão do Senhor por todo o mal que realiza faz alguns anos."

Essa palavra de conhecimento imediato tão exato verificou-se totalmente autêntica. O homem estava, de fato, no fundo da basílica e os detalhes acerca dele na palavra de conhecimento convenceram-no de que se tratava dele, pois ninguém o conhecia na assembléia. Testemunhas viram-no dar meia-volta, em pânico, como se fora descoberto em público, e precipitar-se, em lágrimas, em direção ao primeiro padre que encontrou. No final da confissão, ele mesmo restituiu a carteira roubada e renunciou à maconha. Deus interviera com poder.

Mas a história não parou aí. De volta a Lyon, nosso homem reuniu a sua gangue, explicou aos seus (antigos) acólitos o que se passara e anunciou-lhes a sua intenção de deixar a gangue e mudar de vida. Convidou-os, ainda, a fazer o mesmo. Furiosos, seus cúmplices lançaram-se contra ele e o encheram de facadas antes de fugirem. Levado para a emergência ainda lúcido, ele pronunciou suave e freqüentemente o nome de Jesus. Na sala de operação "de emergência", a sua atitude comoveu o pessoal e vários foram tocados por seu testemunho de confiança em Deus. Morreu na mesa de operação invocando mais uma vez o nome de Jesus, nome que ele só conhecera fazia alguns dias e que decidira amar em tão pouco tempo, após aquela cura-conversão recebida em Ars.

A história é dolorosa e magnífica de fé, transparente de uma amizade já forte com aquele que o interpelara e libertara naquela famosa tarde em Ars. A gente preferia que terminasse de outra maneira, mais feliz. Mas o romantismo nem sempre faz parte dos caminhos de Deus. Relato comovente em que se pressente que o sinal de cura pode fazer com que vamos longe com o Senhor.

5

"A hora de Deus" para a cura?

Deus não cura todo mundo, afirmação mal aceita por muitos, à qual voltaremos. Mas quando cura, Deus cura não importa quando! Por quê?

São numerosos os que falam da "hora de Deus" como uma ocasião, ou uma oportunidade única dada ao doente e que ele não pode deixar de aproveitar, sob pena de não haver outra hora.

A hora de Deus existe em relação à graça de cura, mas não deve ser compreendida como um determinismo divino, uma ação sobrenatural peremptória que negligenciaria a liberdade do ser humano e relegaria este último à categoria de marionete.

Existe uma certa interpretação dessa "hora de Deus" que pode levar a esquecer que o Senhor não cura o ser humano sem o ser humano, sem a sua colaboração, por sinal muito delicada para apreciar.

Nádia, 23 anos, prostituía-se e sua "escolha de vida" não levantava nela nenhum problema de consciência. Não tinha ouvido muito falar do Senhor nem era dada a discussões metafísicas freqüentes! Numa tarde em que, de maneira incomum, a sua atividade parecia estar "no ponto morto", ela errava, desocupada, pelas ruas de Strasburgo. Fazia uma semana que mancava por causa de uma entorse no tornozelo que a fazia sofrer. Um problema não muito grave para o qual o médico tinha prescrito um tratamento clássico, recomendando-lhe que não andasse (de modo algum sem muleta) durante cerca de um mês. Andar com muleta, tendo em vista a sua "profissão", era inimaginável!

Naquela tarde ela andava mordendo os lábios, pois sentia dor, mal conseguindo ficar de pé. Passou na frente de uma igreja, de onde vinham cantos que ela nunca ouvira. Intrigada, entrou. A igreja estava cheia e as pessoas não pareciam aborrecidas!

Tratava-se de uma assembléia de oração carismática, a qual eu assistia com dois padres amigos. Nós estávamos de passagem.

Nádia espantou-se com o clima de louvor e de oração sem, todavia, compreender o sentido de uma tal reunião. Meio atraída, meio chateada, ela pensou em ir embora. Então, ouviu uma palavra pronunciada ao microfone:

"Uma mulher de 23 anos, que entrou por curiosidade e sofre do tornozelo direito, é visitada pelo Senhor. Ele se dirige a ela pessoalmente: hoje é o momento favorável para ti, quando te tomo pela mão e te tiro das tuas trevas. Deixa-me pegar-te pela mão e te darei a verdadeira alegria."

Surpresa, Nádia se perguntou: "Em que bando de malucos eu caí? Eles são adivinhos!". Então, deu-se conta de que não tinha mais problema no tornozelo. Apoiou-se com todo o seu peso em sua perna direita sem sentir nenhuma dor. "Essa palavra foi para mim?"

Ali estava um padre, não longe dela. Comumente, ela não costumava freqüentar esse tipo de personagem, mas pressentiu que podia confiar. Pelo breve diálogo que se seguiu, ela tomou consciência de um encontro com Deus. A graça da cura abriu para ela um caminho de conversão, que a fez escolher entre deixar a prostituição e usufruir a alegria do diálogo com Deus.

Hoje, ela é religiosa num convento contemplativo, e está feliz.

Certamente, o acontecimento cujo testemunho recebemos nessas linhas foi produzido para Nádia na hora de Deus. Mas a mulher poderia ter saído da igreja curada, sem, todavia, viver um encontro autêntico com o Senhor. Uma graça de cura pessoal — ou, então, o fato de assistir a ela — abre a porta de uma relação renovada com o Cristo ressuscitado. No entanto a pessoa curada, ou a testemunha da cura, pode escolher manter essa porta fechada.

Por isso prefiro falar de "momento favorável" (como na profecia recebida nessa famosa tarde por Nádia) em vez de hora de Deus, para destacar que, se o Senhor bate à porta para um sinal de cura, cabe a nós abrir a porta o máximo possível, como ao acolher um ente querido cuja pista se perdeu faz muito tempo e que se apresenta a nós sem avisar.

Hoje é o tempo favorável

A hora de Deus suscita em nossa existência o momento favorável. O Senhor conhece, de fato, o momento ou os momentos de nossa vida em que temos — o mais das vezes sem o saber — necessidade dele. Somos conhecidos por ele na sua sabedoria e, por ela, ele sabe qual é o "melhor momento" para nós, aquele em que poderemos, livremente, se tivermos um mínimo de consciência do que se passa através de um sinal de cura, abrir-lhe nosso coração.

A hora de Deus, no tocante à graça da cura, como em relação às outras graças possíveis, se torna, de fato, a nossa hora, aquela em que seu olhar se põe mais concretamente sobre nós com uma grande expectativa, aquela de responder ao sinal que ele nos dirige.

Lucília e José são os responsáveis gerais pela Renovação Carismática Católica de um país da Europa. Em novembro de 1997, convidaram-me a pregar um retiro para toda a Renovação numa grande igreja da capital. Eu nunca os tinha visto antes e ignorava tudo a respeito de sua história pessoal. Eles me esperaram no aeroporto, na véspera do começo do retiro, e simpatizamos imediatamente. No entanto, interiormente, fui tocado por um sofrimento (desconhecido para mim) que esse casal vivia.

O retiro foi um tempo muito forte para a Renovação, e o Espírito soprou com força sobre a assembléia durante quatro dias. Mas à medida que a assembléia se desenvolvia, eu era levado em meu coração a rezar por Lucília e José. Alguma coisa inexplicável me dizia que o "momento chegava"... Mas o momento de quê?

No final da sessão, tarde da noite, encontrei o casal e lhe expus o meu sentimento. Lucília se derramou em lágrimas e José se pôs a tremer. Explicaram-me que eram casados havia dez anos e que não podiam ter filhos. A medicina não pôde fazer nada por eles e o casal afundara numa tristeza dolorosa que tentava ocultar dos outros, tanto mais porque a sua responsabilidade tornava difícil a expressão de um sofrimento.

"E se o Senhor quiser, hoje, conceder-lhes a graça de um filho?", perguntei.

"Muitas pessoas já rezaram por nós. Tentamos também ver se alguma coisa em nós freava o atendimento, e nada encontramos. Pensamos que é, sem dúvida, a vontade do Senhor que não tenhamos filho, e consideramos a adoção, mas é muito demorado!"

"Talvez o Senhor não queira atendê-los como desejam; mas talvez também não seja ainda o momento... Vamos rezar com confiança e veremos os frutos que ele dará à nossa expectativa."

A oração foi simples e breve, sem nenhuma manifestação sensível que confirmasse ou não tal suposição. Três meses mais tarde, recebi uma carta de Lucília e José anunciando com alegria e gratidão que esperavam um filho! Sete meses mais tarde nascia o pequeno Pedro, com plena saúde.

Mas o testemunho — magnífico em si — não parou aí. Lucília e José tinham uma vida de oração muito desenvolvida, o que, sem dúvida, permitiu que percebessem alguns meses antes do nascimento de Pedro por que o Senhor — que queria manifestamente atendê-los — não o fizera. Numa releitura intuitiva de sua existência, de sua caminhada conjugal, das exigências de responsabilidade que repousavam sobre eles, e outros "parâmetros" ainda, compreenderam que, apesar de todas as orações feitas para e por eles, não era o "bom momento" para eles terem um filho. E o "melhor momento" chegou por ocasião desse retiro pregado para a Renovação e do qual participaram.

Seus pensamentos não são os nossos pensamentos

Em sua infinita sabedoria, o Senhor sempre sabe o que faz, embora nós, freqüentemente, duvidemos. E o que ele faz é "um bem" (ou ainda uma bênção) para nós, não somente na forma de atendimento (a cura), mas também no momento mesmo em que no-la concede. Já sabemos (mais ou menos) que seus pensamentos não são os nossos pensamentos, mas quando ele nos surpreende até na maneira pela qual alguns são "aspirados" nesse momento favorável, só podemos concluir: "Nada pode arrebatar-nos de teu amor, Senhor!".

O testemunho que segue é da reunião organizada pela Communauté des Béatitudes em Lourdes, em julho de 2001. O acontecimento foi coberto por uma rádio cristã da França e foi a ela que foi endereçada a seguinte carta.

Durante a transmissão ao vivo da sessão, rica em torrentes de graças do Senhor, pois quem não terá sido tocado, interpelado, pacificado, posto a caminho por todos os testemunhos, louvores, orações, celebrações, ouvidos e recebidos no mais profundo do ser, reunindo-nos em nossa vida de hoje onde estamos... Um grande obrigado a toda a sua equipe, aos jornalistas inspirados durante a sua missão, onde o Espírito Santo habitou verdadeiramente com seu sopro o espaço do verão de 2001, após o Jubileu, primícias da grande Renovação deste terceiro milênio.

Tendo passado por uma intervenção cirúrgica e com muita dificuldade de recuperar-me fisicamente por causa de dores incessantes, ouvi o vosso rádio o dia todo e fui levada pela oração e pela riqueza das partilhas. Estava perto do rádio quando foi anunciado o tempo de oração pelos doentes. Então disse para mim mesma: "aproxime-mo-nos também" e, de pé, com as mãos abertas, disse: "Senhor, vês a minha situação; se queres que eu ainda te sirva, então, cura-me". Senti no meu peito a minha alma aumentar, um bem-estar profundo e a certeza de que me curaria. No mesmo instante, percebi três ondas elétricas no meu joelho direito doente e a dor aguda desapareceu. Um instante mais tarde, uma voz através das ondas anunciava que uma pessoa que sofria do joelho direito sarara (palavra de conhecimento imediato). Agradeci ao Senhor.

Depois, meu estado melhorou a cada dia e hoje recuperei todas as minhas forças. Esta carta foi escrita para dar testemunho do amor de Jesus. Ele vem ao nosso encontro onde estamos, na nossa situação, e nos livra de todo tipo de incapacidade, das que mais nos paralisam. Para nossa libertação, o Espírito Santo visita as almas, os corpos, e age segundo o bem-querer de amor do Pai para nós por Jesus, que vem salvar os seres humanos e dar-lhes vida. Se eu me abandonar à misericórdia de Deus e confiar nele, ele será sempre meu socorro e minha força contra tudo. Obrigada, meu Deus.

Qual é minha hora, Senhor?

Esse momento favorável é previsível? É preciso responder dizendo: nunca, ou quase!

Nunca, porque não existe nenhuma meteorologia espiritual, uma espécie de presciência exata do querer divino, a qual permitiria prognosticar infalivelmente o "tempo de Deus" para os doentes que ele quer curar. Aquele que pretende saber está na ilusão ou no engano.

Todavia o "nunca" deve ser matizado pela própria sabedoria de Deus, a qual "inventa" um carisma especial, já mencionado por são Paulo (sobre o qual voltaremos), chamado carisma de fé. Por esse carisma gratuitamente dado pelo Espírito Santo, um pressentimento da iminência de uma graça de Deus é possível, no entanto, sem certeza racional. Esse carisma às vezes produz a intuição de entrar no momento favorável. É por isso que se chama carisma de fé, porque, na dinâmica desse pressentimento, a fé que tem quem recebeu esse carisma (distinta da fé teologal) permite às pessoas para as quais se está rezando que se disponham melhor a acolher a graça da cura.

A esse respeito, fui muito marcado por um acontecimento particular, precursor de muitos outros, análogos, nos anos que se seguiram e até hoje. Foi em março de 1990, em Bangui, capital da República Centro-Africana, onde eu estava de passagem para visitar a Communauté des Béatitudes fundada naquele lugar. Tínhamos organizado, com a concordância dos padres, uma celebração eucarística dominical prolongada por uma oração pelos doentes. As pessoas tinham vindo em grande número, de manhã bem cedo, preparando-se para passar o domingo em oração, celebração e ensinamento.

Nós nos dispúnhamos a começar a liturgia dominical, quando notei nas primeiras filas uma mulher acompanhada de um garoto paralítico, com pernas esqueléticas sustentadas por talas rudimentares. Fiquei repentinamente certo, no meu interior (é difícil precisar este tipo de convicção!), de que o Senhor queria fazer alguma coisa por aquela criança. Comuniquei discretamente este sentimento ao padre encarregado de presidir a celebração e ele tentou dissuadir-me, alegando que havia muitos outros doentes na assembléia, que bastava abrir os olhos para vê-los, a eles também, e que, afinal, estava na hora de começar a missa.

Mas eu estava como que "levado" por essa certeza interior inexplicável[1] e disse ao padre: "Dê-me cinco minutos". E me afastei em direção da mulher e seu filho.

Depois de tê-los cumprimentado, informei-me sobre a saúde da criança. Ele se chamava Rodrigo e tinha nove anos de idade. Acometido de uma poliomielite fulgurante aos seis meses de idade, não pôde aprender a ficar de pé e a mover-se como os outros e nunca tinha andado (salvo com talas. Mesmo assim, andar naquelas condições era muito penoso para ele).

Perguntei à mãe se ela achava que o Senhor podia fazer algo por seu filho. Ao ouvir isso, ela ficou com muito medo, tanto a perspectiva da cura a ultrapassava. "E se for o momento que Deus lhe oferece para rezar e confiar?" Ela não sabia o que responder, o que é muito compreensível.

Observei, com todos(as) os(as) que exercem na Igreja um ministério de intercessão pelos doentes, quanto a probabilidade de uma cura iminente, para si ou para alguém próximo, suscita, o mais das vezes, uma emoção profunda de medo, até de recusa diante do irracional, mesmo se essa cura é desejada e esperada na oração.

---

[1] Certamente, numa perspectiva puramente psicológica, isso podia ser explicado facilmente e de várias maneiras!

"Vamos rezar juntos, agora, e convido a senhora a encorajar seu filho falando-lhe suavemente ao ouvido a fim de tranqüilizá-lo e prepará-lo para ele mesmo participar da graça que o Senhor quer conceder-lhe." Eu procurava ter a segurança interior proporcional à audácia daquelas palavras, mas, de fato, não conseguia muito, temendo dar a essa mãe e ao seu filho falsas esperanças de dias amargos.

Ela ficou pasma: "Rodrigo? Participar de sua cura? Mas ele tem apenas nove anos! Como poderia compreender o que Deus quer dizer-lhe?".

"Uma criança compreende essas coisas melhor que um adulto, se não tiver mais medo. E cabe a você, mãe dele, ajudá-lo a não ter mais medo."

Rezamos, assim, invocando com confiança a misericórdia do Senhor para Rodrigo. Não tínhamos muito tempo, porque a celebração devia começar. Chamado pelo padre, tive de parar a contragosto e convidei a mãe a continuar a oração, apoiada por alguns irmãos e irmãs da Communauté des Béatitudes que estavam em volta de Rodrigo, sob o olhar intrigado da multidão reunida.

A missa iniciara e meu ministério diaconal retinha-me legitimamente no altar. No entanto, após a homilia, durante um breve tempo de transição, encontrei Rodrigo e perguntei à mãe a respeito. O menino sentia descargas elétricas incomuns em suas pernas. Sugeri, então, que fossem discretamente tiradas as suas talas e que ele examinasse o que sentia como força em seus membros. Em seguida, voltei ao altar para o ofertório.

Na hora da comunhão, observei Rodrigo, que, desajeitadamente, tentava ficar de pé. No final da missa, ele conseguia, com dificuldade, sustentado pela mão da mãe.

A oração por Rodrigo — por intermitência — durou quase todo o dia, e o que posso testemunhar é que Rodrigo, no final da reunião, podia andar sozinho, embora com uma hesitação legítima. Não se recuperam integralmente em algumas horas músculos que nunca funcionaram como deviam.

Dez anos depois dessa graça de cura, Rodrigo tornou-se jogador de futebol, e seu futuro neste campo parece promissor. Para um homem que nunca teria podido andar na vida, há por que se interrogar sobre o poder de Deus e, sobretudo, dar graças a ele por sua misericórdia espantosa e inesgotável.

6

Se Deus é todo-poderoso, por que o sofrimento?

O sofrimento — sobretudo aquele que dura, que acompanha uma dor física, moral ou psíquica (apesar de uma certa eficácia da medicina ou da cirurgia), aquele que se amplia inexoravelmente com o tempo, aquele que os seres humanos não podem aliviar, para o qual não existe a solução verdadeira —, infelizmente tão freqüente, é considerado pela maioria como o adversário primeiro da fé na cura realizada por Cristo.

Considerado um obstáculo para a fé, sua constatação arruína a confiança num Deus de amor, num Deus poderoso que se revela como Misericórdia para os seres humanos. Como, de fato, nesta hipótese, um Deus que se diz misericordioso, dotado de "onipotência" infinita, poderia tolerar a presença deste sofrimento num corpo ou num psiquismo humano, numa família ou numa existência pessoal? Seu amor todo-poderoso é compatível com o sofrimento? Mais ainda, como suportar a idéia de um Deus que fecha os ouvidos à oração de seus filhos que pedem a ele para serem curados?

MEU DEUS, POR QUÊ?

Por que o Senhor parece curar a alguns e a outros não, e de modo algum todo mundo (longe disso!)?

Padre Tardif, tendo assistido a tão numerosos sinais de cura, evidentemente firme na fé no Deus que cura e salva os seres humanos, dizia: "Quando comparecer diante do Bom Deus, a primeira coisa que farei será perguntar-lhe por que ele cura uns e outros não". Atualmente, ele sem dúvida teve a ocasião de fazer a sua pergunta, mas não tem os meios de fazer chegar até nós a resposta, talvez, simplesmente, porque ela não existe!

A oração de cura — mesmo atendida — nunca será uma resposta para o mistério do sofrimento, porque este último ultrapassa em todos sentidos os sinais de cura que se podem obter pela oração.

Nosso mundo moderno tende a confundir os termos — por isso as noções — de mal, dor e sofrimento, mas está errado.

O mal é aquilo que agride a saúde ou o equilíbrio do ser humano e, como agressor, deve ser combatido, principalmente, pelo progresso científico ou social. A dor (que não é o sofrimento) é uma espécie de sinal da presença de um mal ativo. Mesmo penoso, até insuportável, alerta para a existência de um mal — muitas vezes insuspeito — já destruindo a saúde ou a vida do ser humano, da família ou da sociedade. Nesse sentido é interessante, pois denuncia o mal e traz um alívio, uma solução "terapêutica".

Mas o sofrimento é totalmente diferente, imensamente mais respeitável, simplesmente porque é humano. Faz parte da vida daquele que sofre (independentemente dos meios legitimamente usados para aliviar a dor e extirpar — se possível — o mal). Ele é a expressão de uma parte de nossa humanidade atingida por um mal. Respeitar o sofrimento não significa comprazer-se com ele, mas aceitar que ele esteja aí como "parte de nossa vida", "parte de nós mesmos", verdadeiro caminho possível de descoberta de um aspecto de nós mesmos que talvez nunca desejássemos conhecer. O sofrimento torna-se um caminho possível de verdade sobre si... e de conhecimento de Deus.

Por que Deus não cura todos os doentes?

Por que ele permite o mal, por que deixa a doença "ganhar o terreno" em tantos contemporâneos nossos?

Por que ele deixa o sofrimento atingir assim as pessoas?

Penso que essas perguntas não têm resposta, porque a única resposta verdadeira reside numa sabedoria que nos ultrapassa infinitamente, para a qual talvez tendamos, mas que nunca alcançaremos nesta terra. E o Senhor, nessa mesma sabedoria, não deseja que nós façamos — e que façamos a ele — perguntas que se voltam contra nós, dada a nossa impossibilidade de dar a elas uma resposta.

Não tenha medo, tenha confiança!

De nós o Senhor espera, antes, a confiança, essa confiança filial que nos faz preferir a vontade dele e não a nossa.

Em junho de 2000, fui convidado a ir a Fortaleza, cidade brasileira com mais de dois milhões de habitantes, para animar três dias de formação para o "ministério da cura". Alguns milhares de pessoas tinham-se deslocado para a ocasião e, após alguns ensinamentos, propus a elas "passar aos trabalhos práticos", quer dizer: rezar pelos doentes, na fé. Não sei se o temperamento sul-americano favorece a acolhida dos dons de Deus. O fato é que o Senhor concedeu muitos sinais de cura naquela tarde, de modo especial curas físicas, até aquele tetraplégico com respirador artificial, na maca e em situação muito difícil quando chegou, e que começou a mover os seus membros...

No final da oração, eu estava nos vestiários (a reunião ocorrera num estádio, como muitas outras manifestações no Brasil!) para descansar alguns instantes. O serviço de ordem tinha dificuldades em conter as pessoas que ainda desejavam rezar.

De repente, a multidão se afastou, num movimento de medo que só compreendi mais tarde: um leproso estava sendo trazido nas costas por dois amigos. O homem, com

60 anos, não tinha mais as mãos nem os pés. Tinha, além disso, um câncer nos intestinos. Fizera 3 mil quilômetros (de trem) para chegar. Foi emocionante.

As pessoas em torno olhavam de longe, mantidos a distância pelo medo do contágio. Eu o peguei pelos ombros e rezamos juntos, acompanhados pelos dois "carregadores". Sabíamos perfeitamente, sem dizer nada, que não se tratava de pedir a cura. Por quê? Confesso que não sei! O Senhor atraía para outra coisa, que eu tinha dificuldade de precisar. O leproso, aliás, sabia disso bem melhor do que eu. Aquilo parecia algo como a paz no sofrimento. Foi nesse sentido que rezamos, e que ele partiu, claramente alegre, e numa "proximidade" de Deus que só se percebe (o sentido é o mesmo, mas escrito "fica" melhor) raramente nos países menos "desfavorecidos". O sofrimento é um mistério, que não é inimigo da cura!

PODER DIVINO E PODER HUMANO

O poder é uma palavra-chave que perturba a nossa inteligência espiritual no tocante ao sofrimento e à cura, se for mal compreendido (o que é, freqüentemente, o caso).

Que é o poder de Deus? Falar de um Deus onipotente significa, em nossa mentalidade, evocar um Deus ao qual nada nem ninguém pode resistir, um Deus que faz o que quer em nome de sua dominação sobre os seres humanos, um Deus forte que nos remete à nossa fraqueza. Na linguagem profana, a expressão "amor poderoso" é uma contradição em si. As duas palavras se excluem mutuamente. Não se pode amar autenticamente e manifestar ao mesmo tempo o poder. Que é, então, esta onipotência do amor do Deus de Jesus Cristo?

Quando se trata de poder, em relação ao Deus da Bíblia, o atributo se refere à capacidade que Deus se dá de intervir na vida dos seres humanos visando a salvá-los, libertá-los do pecado e da morte. O grego bíblico utiliza a palavra *dynamis*, que traduz o poder próprio só a Deus, quer dizer: a maneira pela qual só o Senhor pode exercer o seu poder. Ele intervém concretamente para manifestar que está lá, preocupado por cada uma de suas criaturas, desejoso de buscá-las, ajudá-las, salvá-las.

Todavia suas intervenções, se elas tomam forma concreta no seio da existência humana, não são especialmente demonstrações exemplares de um senhor implacável, de um ditador ou de um demiurgo. Manifestam de maneiras múltiplas o amor louco com que Deus ama o ser humano.

Um ato de poder divino — sem dúvida o máximo — reside no sacrifício de amor de Cristo na cruz. Deus é poderoso quando manifesta claramente o seu amor, até no sofrimento ou na fraqueza.

Este poder misterioso de Deus só é totalmente poder se o recebermos como um dom, proposto pelo Espírito Santo. Eis por que refletir sobre o "verdadeiro" poder de Deus que se mede menos segundo a capacidade de seu amor do que segundo nossa acolhida confiante de sua misericórdia. Parece que, em Deus, poder e fraqueza estão conjugados de uma maneira que vai além de nossa inteligência.

A onipotência de Deus é plenamente revelada em Jesus Cristo. A humildade de Cristo tem mais poder que a força dos seres humanos: "A fraqueza de Deus é mais forte do que os seres humanos" (1Cor 1,25). A linguagem da cruz é o poder de Deus que torna vã toda a força do mundo. Por isso temos nosso futuro, nossa esperança e nossa perseverança só em Deus.

Se Deus dá a graça, o seu poder brilha na fraqueza da natureza humana. Essa natureza não está mais presente na doença ou no sofrimento? Por que, então, admirar-se que o Senhor se antecipe a essa fraqueza humana para mostrar o poder divino, o qual não será necessariamente ato de cura, mas sempre visita de um sofrimento?

Cristóvão é cego desde os três anos. A explosão de um bujão de gás desfigurou-o e, sobretudo, destruiu seus olhos. Animado por uma forte vontade de viver, pôde estudar e tornar-se professor de música. Há cinco anos casou-se com Celina, com incapacidade visual, violoncelista de profissão. Têm um filho de quatro anos, que é a alegria deles.

Fazia tempo que Cristóvão suplicava ao Senhor para receber a cura de seus olhos e nada acontecia, pelo menos no plano clínico. Fazia 18 meses, discutíamos juntos a respeito da sua incapacidade e a de sua mulher. Perguntei a ele se desejava que ainda pedíssemos ao Senhor a cura.

"Veja, Philippe — respondeu-me —, refleti muito com Celina desde a última vez que se rezou por nós. Eu estava um pouco magoado porque o Senhor não parecia prestar atenção em nós. Mas nos demos conta de que ele tinha cuidado de nós de modo diferente daquele que desejávamos e que assim estava melhor. Descobrimos o seu amor de uma maneira profunda e pacificadora, sem dúvida muito mais do que se tivéssemos sido curados. E vivemos com ele coisas fortes que nos teriam escapado, assim como nos conhecermos, se tivéssemos uma vida 'normal'. Somos frágeis por causa de nossa incapacidade, mas aprendemos a ser felizes. Não queremos pedir a cura."

Fiquei muito emocionado e fomos deixados com o sentimento de uma alegria inexplicável e muito doce. Cristóvão gozava já de uma certa sabedoria.

O poder de Deus é proporcional à acolhida que fazemos de seu amor. Quanto mais nos deixamos amar por ele, mais vamos em direção a ele, mais permitimos que ele seja poderoso em relação a nós. Tal reflexão nos ajuda a compreender um aspecto das curas do Evangelho. A gente se apóia freqüentemente na Escritura para afirmar que, com relação aos doentes encontrados, Jesus curava a todos. Essa é uma interpretação errônea das Escrituras. Jesus não curou todos os doentes da Palestina ou de outros lugares. Em compensação, curou muitos doentes que iam a ele ou que eram levados a ele. É essencial detalhar isso, porque nos dá uma chave de compreensão da sabedoria divina concernente à cura.

VINDE A ELE

"Vinde a mim vós todos, que estais cansados e sobrecarregados" (Mt 11,28). O Evangelho tenta sensibilizar-nos para a importância de ir a Jesus — ou de ser levado até ele — para expor-se ao seu "poder" de amor e receber a graça que pedimos a ele, mas que não convém pedir "à distância", quer dizer, sem disposição interior de acolhida e de confiança.

Vir a ele, primeiro na oração, claro, ou também deixar-se levar a ele por outros, se não se ousa rezar, se não se ousa ainda crer, ou se a gente se sente fraco demais na fé, este é o segredo da irrupção do poder do Cristo ressuscitado.

Recordemos os diálogos de Jesus com numerosos doentes dos evangelhos, com a finalidade de suscitar em seus corações uma acolhida, uma confiança maior. Lembremo-nos do relato da cura do paralítico anônimo (Lc 5) levado por amigos e do qual nada se menciona acerca de sua fé ou de seu diálogo com Jesus. Em compensação, é muito certa a constatação da fé dos que levavam a maca daquele que o Senhor ia curar, manifestando assim, mais uma vez, o seu poder, para o bem do paralítico, mas também de todos os que o cercavam e que o viram levantar-se.

Cristo quer exercer o seu próprio poder sobre os doentes que são levados a ele, ou que vêm a ele, hoje como há 2 mil anos. Mas em qual disposição de acolhida estamos?

Teresa é religiosa apostólica e sofria de incapacidade visual cada vez mais séria devido a uma catarata bilateral que diminuía severamente a sua função visual. Em setembro de 1995, quando veio participar da oração de cura da Communauté des Béatitudes em Cordes, ela não via mais nada, apesar das lentes grossas, e era obrigada a ser guiada por uma de suas irmãs. Apesar de religiosa, ela não estava interessada na oração pelos doentes, não acreditando na dimensão da cura nas Escrituras. Mas falaram-lhe dessas celebrações e uma amiga quis levá-la até lá. Meio querendo, meio não querendo, ela veio à "oração carismática" com um único medo, o de ser reconhecida por pessoas de seu ambiente. Apesar de sua incapacidade visual séria, o cuidado pela reputação parecia primordial.

Ela ouviu os cânticos, as orações e disse que, definitivamente, não sabia o que fora fazer ali, até o momento em que uma palavra de conhecimento foi dada pela equipe de animação. "Uma religiosa de 54 anos — justamente a idade de Teresa — que não vê desde os dois anos está para receber uma cura de seus olhos. Em alguns minutos ela constatará que começa a ver distintamente."

A sua primeira reação foi lamentar esse "tipo de espetáculo". Mas uma sensação de frescor ganhou seus olhos. Ela coçou a vista, com a impressão de distinguir melhor as pessoas em torno dela. Os minutos passaram e a impressão se confirmou: ela via melhor, claro! No final da oração, ao sair da capela, ela constatou — sem dizer a ninguém — que via bem agora. Sua amiga a ajudou a entrar no carro, mas ela disse que não havia necessidade. "Que está acontecendo? Você está curada?"

Teresa estava pasma. Ela não podia aceitar essa verdade. Ela contará, mais tarde, que a viagem de volta foi um grande sofrimento interior para ela, pois notava que seus olhos ficavam fracos de novo, progressivamente. Tendo chegado à sua comunidade uma hora mais tarde, ela tinha recuperado sua incapacidade visual, a morte na alma.

Teresa passou um ano muito ruim, dividida entre a lamentação de não ter levado a sério o acontecimento e a revolta em relação a um Deus que parecia jogar com os seus. Foi só um ano mais tarde que ela ousou voltar à celebração mensal pelos doentes, em setembro de 1996. Sua vista tinha piorado e seu coração ruminava um amargor secreto. Ninguém a conhecia na assembléia (com exceção de sua guia) e, agora, ela decidia participar verdadeiramente da oração, suplicando que o Senhor perdoasse a sua falta de confiança.

Uma palavra de conhecimento ressoou ao microfone, deixando-a estupefata: "Uma religiosa que sofre dos olhos e tinha sido curada aqui mesmo um ano atrás, mas que duvidou de sua cura, foi de novo visitada pelo Senhor hoje. É convidada a renovar o dom de sua vida a Cristo e a entrar numa confiança maior em sua cura". Teresa se refez e respondeu interiormente: "Senhor, hoje eu creio em ti". Ao sair da capela, ela via sem problema, e sua cura se prolonga até o presente. Sua vida religiosa transformou-se, para grande espanto de suas irmãs.

O poder do Senhor não tem limites e, quando corresponde a fraquezas particularmente pronunciadas da natureza humana, pode traduzir-se, às vezes, por sinais de cura que ultrapassam os critérios de inteligibilidade do ser humano e que se pode qualificar de milagres, mesmo se não apresentam todos os critérios que permitem a sua "homologação oficial". De qualquer modo, milagre ou simples cura, são sempre sinais da misericórdia divina.

Um acontecimento impressionante para mim foi a cura de Florença, na Ilha da Reunião, em janeiro de 2000. Durante uma celebração eucarística (ao ar livre) seguida de uma oração pelos doentes, o Espírito Santo guiara a intercessão para as pessoas que sofriam de audição. Já reforçada pelos testemunhos espantosos, a assembléia rezava com fé, sentia-se que o Senhor não acabara de surpreender-nos.

Eu sabia que um dos riscos da oração de cura é deixar de rezar uma vez que o Senhor começou, visivelmente, a tocar as almas ou os corpos, como se Deus fosse avarento de seus dons e que convinha não pedir demais — ou durante tempo demais — ao Senhor. Uma tal consideração está completamente afastada da pedagogia divina em matéria de cura durante uma assembléia de oração. Lembro-me muitas vezes da fórmula de padre Regimbal, amigo pessoal e religioso trinitário de Quebec, que praticou abundantemente o carisma de bênção: "Nosso Deus é o Deus de cinco para meio-dia!". Maneira de exprimir que as mais belas graças concedidas pelo Senhor são recebidas nos últimos momentos de uma celebração... e talvez logo depois.

Inversamente, se os sinais de cura não parecem ser dados após um certo tempo de intercessão, é preferível — na minha opinião — não insistir junto ao Senhor e orientar a oração noutra direção, diferente da cura.

Eu exortava, então, a multidão a crescer na fé, a não cessar de orar com confiança e a deixar-se renovar no louvor, o qual é a melhor arma contra o cansaço espiritual. O Espírito Santo foi invocado especialmente sobre as pessoas atingidas por problemas de audição e o Senhor começou a operar maravilhas na assembléia, como é costume dele. Muitos homens e mulheres vinham depor no altar os aparelhos acústicos de que não mais precisavam, ao passo que outros davam um breve testemunho de sua cura ao microfone e todo o povo cantava os louvores do Senhor.

O ambiente era de festa, mas era tempo de terminar a oração pelos doentes, que já durava mais de quatro horas. Observei uma mulher com mais de 30 anos que segurava pela mão uma garota de uns 12 anos com longos cabelos ruivos. Ela se aproximou de mim e me disse toda trêmula: "Ela ouve!". Já tínhamos recebido testemunhos sobre o assunto e convidei a mulher a voltar ao seu lugar dando graças no seu coração.

Ela insistiu, acrescentado: "O senhor não entende... ela ouve!". Intrigado, eu lhe perguntei o que eu não entendia, e ela levantou os cabelos da filha, que não tinha orelha! Sem dúvida uma malformação congênita impedira o desenvolvimento da orelha e só um pequeno resíduo de pavilhão era visível, sem conduto auditivo, sem orelha normal. No entanto — pude certificar-me — a garota ouvia por essa orelha ausente.

Quem ficou mais surpreso, sem dúvida, fui eu, e confesso ter sido muito confortado na minha fé ao constatar o "pequeno" milagre.

A Deus nada é impossível, embora os maiores sinais de seu amor não sejam necessariamente os mais visíveis, mas aqueles que tocam o coração do ser humano antes cego acerca das misericórdias do Senhor.

O SOFRIMENTO, CAMINHO DE CURA?

Gostaria, porém, de encerrar este capítulo insistindo sobre o poder de Deus, que pode manifestar-se também no sofrimento humano, a tal ponto que se pode considerar o sofrimento como um caminho de cura, uma cura que toca imediatamente o coração, quer dizer: o próprio fim de toda cura.

Uma ressalva é necessária: não é qualquer sofrimento que pode tornar-se caminho de cura espiritual, mas apenas aquele que não se fecha à presença de Deus na existência, aquele que não se revolta contra o Senhor como se ele fosse responsável por ele, aquele que não rumina o amargor em relação a uma ou várias pessoas a quem consideramos culpadas. Falo, aqui, daquilo que se chama de sofrimento aberto, aquele que, mesmo sendo vivido com seu caráter doloroso (independente do que a medicina propõe no âmbito terapêutico), "dá sua chance a Deus" de fazer um caminho de crescimento, uma perspectiva de paz profunda, uma escola de dom de si no e pelo próprio sofrimento.

Assim, contra toda expectativa, mas unicamente com a ajuda da fé em Cristo morto e ressuscitado, o sofrimento pode tornar-se cura.

Foi em 1987, durante uma peregrinação carismática a Lourdes, que reunia 22 mil pessoas. Para a noite estava prevista uma oração pelos doentes, na presença de vários bispos, e pediram que eu coordenasse a animação como diácono e médico. Os doentes em cadeiras de rodas — eram cerca de 200 — tinham sido colocados na frente da multidão. Após a leitura da Palavra de Deus e seu comentário, começou a oração carismática de intercessão. De repente, um homem de cerca de 50 anos, José, levantou-se lentamente de sua cadeira, ficou de pé, primeiro com a ajuda de alguém que estava perto, depois sozinho, e começou a andar, vacilante no início, depois cada vez mais firme sobre as pernas. Exultação e ação de graças na assembléia. No dia seguinte, ele andava livremente pelo santuário, e foi convidado a ir ao centro de constatações médicas de Lourdes.

No final da celebração, eu soube que ele fora acometido de uma doença compressiva da medula espinal, não operável, que gerava uma paralisia total das duas pernas, e isso havia nove anos. A cura corporal era evidente, e muitos foram edificados em sua fé por aquele testemunho.

Eu, por minha vez, me fazia uma pergunta lancinante: "E os outros, Senhor, o que fazes com o sofrimento deles?".

Dois meses mais tarde, recebi a visita de um desconhecido, também ele em cadeira de rodas. Sua mulher e seus três filhos o acompanhavam. Chamava-se Roberto e tinha 49 anos. Acometido de uma degenerescência da medula espinal, estava condenado pela medicina e sabia disso. Ele me disse em resumo:

"Sem dúvida vou morrer logo, mas gostaria de dizer-lhe uma coisa: eu estava em Lourdes na celebração pelos doentes, justamente ao lado do José. Vi-o levantar-se e estava contente pelo que lhe acontecia. Não sou invejoso. Desde então, não vi mais a minha doença da mesma maneira, e estou em paz. Quando cheguei a Lourdes, minha mulher estava para abandonar-me, de tal modo eu me tornara insuportável. Meus filhos viviam brigando. Eu era terrivelmente infeliz, num sofrimento indescritível por causa de tudo isso.

Depois da oração pelos doentes, eu não senti nenhuma melhora na minha doença, mas minha mulher se lançou nos meus braços e me disse que me amava e que não me deixaria. Ao voltar para casa, meus filhos nos esperavam. Eles se ajoelharam ao lado de minha cadeira e me pediram perdão, juntos. O senhor percebe?

Não vim aqui, hoje, para pedir que reze por minha cura, mas para darmos graças juntos."

Três meses mais tarde, Roberto se reunia ao Senhor, num clima de paz comovente. José obtivera uma graça de cura... e Roberto também.

Alguns ousam dizer que a graça de um sofrimento que se abre a Deus, ao amor, à paz, à vida, é uma forma de cura. Eu tenderia a confirmar tal afirmação, que subverte muitos clichês recebidos, muitas contradições sem fundamento.

E se fosse preciso falar aqui de milagre, não sei se deveria apresentar o testemunho de José ou o de Roberto.

7

Onde e como rezar para alcançar a cura

A questão fascina um grande número de pessoas, mas está colocada de maneira justa?

Demasiado freqüentemente se desejaria "saber" rezar pelos doentes, ou por um só, ou por si mesmo enquanto sofredor, apostando na formulação da oração, como se esta garantisse a eficácia por si mesma.

Por isso, à pergunta "existem orações 'que funcionam' para a cura?" é preciso responder imediatamente: não! Não há nenhuma "receita" neste campo. Por isso é preciso banir toda expectativa mágica na escolha de um modo de oração por um doente. Nunca é a própria formulação da oração que detém algum "poder de cura".

Alguns objetam, acerca do sacramento da unção dos enfermos, que a unção com o óleo conteria em si mesma o poder de cura e preferem falar — conscientemente ou não — de "magia do sacramento". No entanto nada é mais falso, e a confusão nesse campo incita freqüentemente o cristão a atitudes supersticiosas em matéria de intercessão. Se o sacramento dos doentes contém um poder de cura, não é em si mesmo, mas sim pela fé da Igreja, que garante o fundamento de sua ação nas almas e nos corpos. Nada de mágico em tudo isso.

Encontrei Marisa no verão de 1997, acabrunhada pela tristeza, porque seu médico acabava de anunciar-lhe que a sua doença policística dos ovários tornara-se incurável e que teria de renunciar a ter filhos. Casada havia seis anos, com 29 anos de idade, ela e o seu marido esperavam impacientemente tornarem-se pais. Mas seus ovários nunca tinham funcionado bem e muitas vezes tinham cistos muito dolorosos, que impediam que se desenvolvesse qualquer gravidez. Os tratamentos hormonais tinham-se sucedido, com mais ou menos êxito, e Marisa nunca pôde engravidar.

"Philippe, disse-me ela com os olhos cheios de lágrimas, não sei mais que fazer. Rezei muito com o meu marido, recitei uma oração. Cada manhã, fui consultar um curador muito cristão que me disse que eu sararia graças ao seu fluido. Meu marido e eu fizemos juntos três peregrinações, até pedi a um padre uma oração de libertação, que ele aceitou fazer para mim... E, hoje, os médicos me dizem que não há mais esperança nenhuma. No entanto fiz tantas orações! Por que Deus não escuta o meu pedido?"

O sofrimento dela era perturbador, e o primeiro desejo do meu coração — desejo bem humano — foi consolá-la, sugerir que nem tudo talvez estivesse perdido, que outros tratamentos existem, sem dúvida, e que seria bom consultar um outro especialista.

Mas mudei de idéia e passei a dialogar com ela num tom diferente.

"Você fez muitas orações, mas pediu com simplicidade, como um filho pede ao seu pai?"

"O que o senhor quer dizer? Eu sou crente e rezei a Deus para que me dê um filho."

"Marisa, não duvido que você quis rezar, mas pediu essa graça ao Senhor com simplicidade, sem sobrecarregar o coração e a fé com preconceitos inúteis? Isso acontece, muitas vezes, quando alguém reza ao Senhor com o coração habitado pelo medo ou pela dúvida. O medo de não ser ouvido por Deus encobre a nossa confiança. Ele é inimigo da verdadeira oração de pedido. Às vezes, conduz a atitudes supersticiosas em relação a Deus, é como se nós mesmos tapássemos as orelhas do Senhor para que ele não ouça o que lhe pedimos."

Marisa fechou os olhos e refletiu longamente.

"É verdade, tornou a falar, sempre tive medo quando rezei, mesmo que não me desse conta. De fato, preocupo-me mais em fazer algo para merecer a minha cura do que simplesmente pedir uma graça ao Senhor. O senhor acha que ele quer curar-me agora?"

"Não sei se ele quer curá-la, mas penso que ele espera que você manifeste o seu desejo com mais confiança e menos temor."

"Mas eu não sei como ter menos medo!"

"Tem-se menos medo quando se decide confiar gratuitamente, sem impor condições, sem dizer a Deus: eu confio se primeiro o Senhor me der o que quero."

"Por favor, reze comigo."

Nós nos ajoelhamos ali mesmo, diante de uma imagem, e invocamos o Senhor. Improvisei uma oração de confiança que Marisa repetiu e que continuou sozinha. O Espírito Santo a fazia viver, naquele momento, uma experiência espiritual forte, concedendo-lhe que descobrisse do interior de si a disposição de fé bem simples na qual sua alma podia ficar na presença de Deus. Eu a deixei dez minutos mais tarde, sempre absorta na oração, pois me chamaram para outra tarefa. Não sei se a doença policística dos ovários foi curada, mas três meses depois recebi uma carta dela anunciando que estava grávida. Pelo menos um de seus ovários passara a fazer o seu trabalho! Não é necessário dizer a grande ação de graças que a carta de Marisa continha.

A primeira reflexão ligada a esse testemunho é que não é preciso primeiro buscar a forma da oração que "faça sucesso". Um estado de espírito assim significa que não se sabe, ou que não se ousa, pedir ao Senhor. No entanto a oração de pedido é central na vida espiritual do cristão. A oração que Jesus ensinou aos seus, e que a Igreja retoma a cada Eucaristia, não é o "pai-nosso", essencial-mente uma oração de pedido ao Pai do céu, em nome de Jesus e na unção do Espírito Santo?

Peça e receberá

Quando não se sabe pedir com a confiança de uma criança, en-tão encontram-se paliativos, "truques" espirituais, procedimentos emocionais, impulsos sentimentais que não são maus em si, mas cujo sentido não coincide com uma atitude de confiança em Deus, na qual somos chamados a crescer. Às vezes, chega-se a compro-meter a oração com práticas obscuras, até esotéricas, como: rezar com um amuleto, um "feitiço" ou um pêndulo na mão, recorrer a métodos de vidência para (pretensamente) fortalecer a oração, rezar num tempo "favorável ao plano astral" etc.

O amálgama é mais que lamentável e conduz a desvios em relação à fé muito prejudiciais. A oração de pedido nunca é um coquetel de diversos recursos, com aparências espirituais variadas. Consiste num diálogo tranqüilo, às vezes doloroso (devido a um sofrimento importante), com alguém muito preciso que se chama Jesus e em quem se pode ter simples e total confiança.

Pedir a Deus na oração se aprende pela própria experiência da oração e não nos manuais de teologia. É ao confrontar-se com a necessidade de pedir ao Senhor que se aprende efetivamente a pedir-lhe, num processo interior em que a gente se torna transpa-rente pelo que se é, por aquilo que se crê honestamente necessitar, por aquilo que nos faz verdadeiramente sofrer. A oração de pedido na confiança implica sempre um certo "desnudamento" de nossa pessoa diante de Deus, e acho importante acentuar isto. Aliás, esse desnudamento concerne tanto ao doente que pede a cura como àquele que reza intercedendo por um ou por outros sofredores, tenha ele o carisma da cura ou não.

ADAPTAR A ORAÇÃO DE CURA AO SEU CONTEXTO

Existem numerosos contextos de oração para a cura, e convém distingui-los bem para aprender a "comportar-se de uma maneira justa e digna" na presença de Deus que faz misericórdia... e pode curar.

O primeiro contexto pode ser de ordem litúrgica. A *Instrução sobre as orações para alcançar de Deus a cura* lembra a existência de orações de cura existentes nos livros litúrgicos aprovados pela autoridade competente da Igreja. Pode-se acrescentar a celebração do sacramento dos doentes, já evocada. Essas orações são celebradas segundo ritos precisos, que devem ser respeitados justamente porque são orações litúrgicas e, como tais, dão testemunho da atenção da própria Igreja para com os que sofrem.

O segundo contexto é o de uma oração pelos doentes, mais ou menos improvisada, mas enxertada na liturgia da Igreja, portanto em assembléia. Não há nada de mal ou de proibido. Às vezes, é até aconselhável organizar esse tipo de oração pelos doentes, sendo isso justificado seja pela inspiração do momento (se não estava previsto, sob a condição de que a oportunidade seja claramente discernida com o presidente da liturgia), seja pelo projeto, se perspectivas pastorais válidas o justificam.

Mas em todos os casos, e por razões análogas às do primeiro contexto, a liturgia não pode ser desviada de seu sentido ou de sua estrutura de fundo por uma oração de cura "deslocada", porque não são vividos na unidade da celebração.

Assim, por exemplo, uma oração pelos doentes não é recomendada durante o tempo após a comunhão, o que deve ser aceito sem medo de aborrecer a liberdade do Espírito. Este não ficará absolutamente magoado se uma oração de cura, julgada oportuna no momento, só começar depois que a celebração eucarística estiver concluída!

Tudo é questão de grau de valor e de testemunho: uma oração eucarística (no sentido amplo, quer dizer: a missa em seu conjunto) é mais importante que uma oração de cura. Eu chegaria a dizer, com numerosos teólogos, que a primeira é a fonte da segunda.

Padre Michel D., canadense de origem, sacerdote faz alguns anos, descobriu por si mesmo o carisma de conhecimento. Foi no decorrer do ano de 1983, em Montreal. Antes, ele ouvira falar — como todo mundo em Quebec naquela época —, mas ficou cético. Como uma pessoa poderia anunciar em público, de maneira profética, o bem que o Senhor pretendia fazer na vida de outra, a fim de que esta ousasse acolher a graça de Deus para ela? Preferia ver nisso uma cilada da imaginação e um risco de manipular os grupos.

Um dia, ao iniciar a celebração da Eucaristia, recebeu um pensamento incomum, acerca de um homem que devia ser curado de uma artrose do pescoço. Ele a afastou rapidamente e se dedicou ao bom desempenho da liturgia. Após a comunhão, o pensamento voltou e o distraiu de novo. Sem saber o que fazer, com o coração batendo 150 pulsações por minuto, voltou ao altar e, antes de ler a oração de comunhão, propôs uma breve oração pelos que sofrem. A missa terminou, deixando o padre intrigado.

Um homem cruzou com ele na saída da igreja dirigindo-lhe um grande sorriso:

"Padre Michel, o senhor inovou na missa, não é? A sua intenção pelos doentes foi uma boa idéia".

"Você acha?"

"Claro! Imagine que fazia seis meses que eu não podia mexer o pescoço, porque estava bloqueado por uma artrose má. Durante a sua oração, senti um calor neste lugar e agora posso mexê-lo sem dor."

Padre Michel ficou estupefato, e durante as semanas seguintes vários acontecimentos análogos lhe confirmaram que o carisma de conhecimento, do qual ele desconfiava, estava lá. Foi a ocasião para uma renovação de sua fé, mas também a de uma falta de discernimento e de prudência: anunciava as palavras de conhecimento imediato que recebia durante a missa sem importar-se com o momento da celebração. Os paroquianos começaram a ficar cansados de um tal dilúvio carismático durante a Eucaristia. A questão não era saber se as palavras de conhecimento imediato eram verdadeiras ou falsas, mas era propor um carisma de maneira equilibrada e pastoralmente justa.

Felizmente, padre Michel era humilde. Tomou consciência do erro no qual caíra e optou por um comportamento de sabedoria (na minha opinião): decidiu não mais praticar esse carisma (aliás autêntico) durante as celebrações litúrgicas, a fim de favorecer a atenção espiritual dos fiéis ao desenrolar da missa, reservando esses tempos de oração carismática para após a Eucaristia, num ritmo semanal. O Espírito Santo é um espírito de ordem e de unidade: não manifesta mais as palavras de conhecimento a padre Michel durante a celebração, mas confirmou por sinais de cura admiráveis o carisma profético desse padre durante os tempos semanais de oração pelos doentes.

Outro contexto possível para a oração de cura é vivê-la diante do Santíssimo Sacramento exposto. A questão é controvertida. Alguns argumentam, com razão, que a exposição do Santíssimo "basta a si mesma" e não pode nem deve ser "instrumentalizada" por uma oração de cura. Convém, de fato, guardar a coerência do procedimento proposto aos fiéis. A adoração eucarística chama os crentes a entrar na adoração. Isso só tem aparência de coisa óbvia. Não se pode fazer "qualquer coisa" diante da hóstia consagrada exposta. Outra evidência. Senão, por que expô-la à adoração dos fiéis?

No entanto há certas formas de oração pelos doentes que pertencem à adoração, durante as quais não se pede especialmente ao Senhor que cure. Antes, por uma animação espiritual de circunstância, confiada a um ministro ordenado,[1] ajudamos os participantes a entrar (de modo especial os doentes) num movimento interior de presença diante de Deus e, portanto, de adoração, onde a pessoa apenas precisa confiar simplesmente no Cristo ressuscitado, presente na hóstia consagrada que se oferece ao olhar dos seres humanos.

Dentro da obra Mãe de Misericórdia, que tive a graça de fundar em 1982[2] e que reúne, atualmente, na França, vários milhares de pessoas, propusemos em diversos lugares (mais comumente nas igrejas paroquiais) o gênero de oração chamada "adoração para a vida". Ela não está especialmente ordenada à cura, mas antes à evangelização de uma ferida da vida, tal como evocada acima e sobre a qual voltaremos. Todavia ela retoma o mesmo princípio: convidar os fiéis, sobretudo os mais "feridos", a entrar num movimento de adoração perante o Santíssimo Sacramento exposto e deixar-se visitar pela misericórdia divina. No fim desse tempo de adoração pela vida, convidamos as pessoas que perceberam nelas uma graça interior de "cura" ou de pacificação a vir ajoelhar-se ao pé do altar, enquanto o

---

[1] Este pode "delegar o seu mandato de presidência" a um leigo, permanecendo presente para testemunhar com uma presença da Igreja autorizada e verificar o bem do que é proposto aos fiéis.

[2] Associação católica que tem por vocação defender e promover a dignidade da vida humana desde seu começo até o seu fim natural, abrindo-se a uma aflição particular chamada ferida da vida, ou ainda ferida de identidade profunda ligada a um traumatismo, como o aborto provocado, a violação, o incesto etc. Ler, a respeito: MADRE, Philippe. *La blessure de la vie*. Éditions des Béatitudes, 2001.

padre abençoa a assembléia. O número daqueles que vêm, assim, dar testemunho de graças recebidas durante esse tempo de adoração eucarística é espantoso. Deus gosta de visitar aquele(a) que quer entrar em adoração, além das expectativas pessoais.

A ASSEMBLÉIA DE ORAÇÃO

Um quarto contexto de oração pelos doentes é o de uma assembléia de oração (carismática ou não), durante a qual se usa um tempo de intercessão para a cura, ou, então, que pode ser inteiramente ordenada a essa intercessão. Tais reuniões são legítimas, e até preconizadas, na medida em que seus organizadores tomam o cuidado de buscar um bom discernimento eclesial e espiritual e evitam cultivar um "sensacionalismo" que possa exaltar os espíritos e fazer com que percam toda prudência — o que acontece mais facilmente do que se pensa. A presidência de um ministro ordenado (se o lugar é uma igreja ou um outro lugar sagrado) é, igualmente, desejada, numa preocupação legítima de discernimento e de testemunho eclesial. No entanto parece que, neste ponto, a *Instrução* mostra certa carência. O Vaticano II promove o lugar dos fiéis leigos na vida da Igreja e isso só aparece insuficientemente na *Instrução*. Pergunta-se por que a presidência dessas assembléias não-litúrgicas não poderia ser confiada a um leigo, uma vez que este apresenta as aptidões.

Essa presidência garante, primeiro, uma função de unidade (e não especialmente de "direção da assembléia"). Encoraja os diversos carismas eventualmente presentes, a fim de que possam exprimir-se de maneira livre e madura, em função do sentido da oração da assembléia, que é, no caso, uma intenção de rezar pelos doentes.

Nesse contexto a primeira prudência é buscar um clima de paz e de atenção a Deus a fim de favorecer entre os participantes a verdadeira oração de pedido (que detalharemos em breve) e a escuta da presença do Senhor no seio da assembléia. "Onde dois ou três estiverem reunidos em meu nome, eu estarei ali no meio deles" (Mt 18,20). Se ousássemos, poderíamos prolongar assim essa palavra de Cristo, a respeito das assembléias de oração: "Na medida em que nenhuma agitação, nenhuma excitação excessiva, nenhuma atitude indecente no plano espiritual perturbar o clima de comunhão entre os membros".

Por isso, segundo a indicação do documento romano, é necessário proscrever, nesse tipo de contexto, a histeria, o artificialismo, o teatralismo ou o sensacionalismo. Tem também razão em distinguir as orações de exorcismo (ou de libertação) das celebrações de cura, pois o seu "ímpeto espiritual" se revela muito diferente. É clássico que uma oração de libertação das "forças malignas" em nome de Cristo pode ser agitada ou barulhenta e tem necessidade de discrição para encontrar seu poder.

Foi em Porto Gentil, uma das grandes cidades do Gabão, em abril de 1998. Eu estava de passagem no único grupo de oração carismática do lugar, que reunia mais de mil pessoas. Após uma exortação tirada do Evangelho, a ressurreição de Lázaro (Jo 11), a oração pelos doentes se desenrolava com numerosos testemunhos de cura, especialmente por aqueles que sofriam da vista. Certas parasitoses atacam de preferência a saúde ocular das pessoas da região e o Senhor visitava seu povo lá onde o seu corpo estava "mais fragilizado".

A alegria, lá, também era palpável, e o louvor, tipicamente africano, era exultante, sem nenhum exagero lamentável. Certamente, alguns "uivos mais ou menos sérios" ressoavam na assembléia — histéricos ou de origem mais "maligna", eu não sabia. O fenômeno é freqüente nas assembléias africanas (entre outras) e já fazia tempo que eu aprendera a não me preocupar com isso durante a animação da oração. Geralmente, isso se acalmava sozinho. Era o que acontecia naquela noite.

Mas o ambiente mudou quando um padre local decidiu, por sua própria iniciativa, praticar uma oração de "libertação dos espíritos maus" em público, e isso de maneira tonitruante, parecendo querer demonstrar pelos decibéis o poder de Cristo sobre o Maligno. A oração da assembléia tornou-se um caos indescritível, onde todos se agitavam, onde muitos uivavam inutilmente, levando outros a fazer o mesmo.

Convém desconfiar dos fenômenos psicológicos da multidão!

A paz só voltou com dificuldade, e não sem que eu ficasse um pouco irritado com tal tipo de comportamento durante uma oração de cura. Só restava concluir a oração da assembléia, uma vez que a atenção a Deus tinha-se volatilizado por causa daqueles fenômenos.

Saída lamentável, contratestemunho evidente, mesmo se o Senhor concedera sinais de cura. Lição evidente, para mim em todo caso: não se deve inserir oração de libertação ou de exorcismo numa assembléia de cura.

O ACOMPANHAMENTO DE CURA

O quinto contexto de oração de cura é o da relação interpessoal: uma pessoa, tendo ou não um carisma de cura, reza com fé por outro que sofre (se possível, em sua presença), pede por ela ao Senhor uma graça de alívio. O intercessor pode, nessa prece, ser acompanhado por outros cristãos, a fim de que a oração vivida em comunhão fraterna seja mais intensa.

Esse tempo de oração é geralmente único, ocasionado pelo pedido de um doente para receber a oração dos irmãos. Todavia, em certas circunstâncias, como no acompanhamento espiritual de um doente ou, ainda, num encaminhamento de cura interior, ele será recomendado a rezar várias vezes, mas, mais freqüentemente, com uma intenção diferente a cada vez (examinaremos mais tarde a razão desse conselho).

Geraldo, 38 anos, médico, sofria desde os sete anos de uma angústia de morte permanente, paralisando seriamente sua atividade médica e impedindo-o de fazer projetos de vida. Segundo disse, procurava a cada manhã, ao levantar-se, preparar-se para sobreviver a esse dia. O peso da angústia era tal que não tinha nenhuma outra finalidade senão tentar escapar disso. Os tratamentos neuroquímicos tinham uma eficácia relativa, mas ocasionavam efeitos secundários de sonolência que ele não suportava, tendo em vista a sua profissão. A idéia de pôr um fim a seus dias estava constantemente presente, mas ele se recusava a fazê-lo.

Era crente, mas não sabia como a fé poderia ajudá-lo a superar o problema. Foi acolhido por uma semana no castelo São Lucas, casa da Communauté des Béatitudes que tem vocação terapêutica cristã das dificuldades psicológicas. O acompanhamento psicoespiritual começou com um tempo de oração de cura com dois membros da Comunidade, destinado a apresentar ao Senhor o sofrimento de Geraldo e a pedir a graça da pacificação.

Mas um acompanhamento desse tipo é igualmente feito de tempos de escuta, de ajuda na relação de abertura, de aconselhamento espiritual ou psicológico. Uma das primeiras finalidades deste último é a possível tomada de consciência de certas causas profundas de tal sofrimento. Fruto da oração e da escuta, uma primeira tomada de consciência deu-se no coração de Geraldo durante o segundo dia. Ele se lembrou não somente em nível da recordação, mas também quanto à memória emocional, do sentimento de ter sido abandonado por seus pais aos nove anos de idade por causa de um tratamento em casa de repouso, longe de casa, proposto pela medicina da época por causa de uma doença infantil particular. É claro que, objetivamente, os pais de Geraldo nunca o abandonaram, mas, no seu coração de criança de nove anos, ele viveu aquele período como um filho abandonado; e permanecia — 30 anos mais tarde — no mesmo sentimento profundo de tristeza (no sentido forte... quer dizer: uma tristeza de criança, desproporcional em relação à causa). É o que se chama, em jargão um pouco técnico, uma REF, uma reação emocional (profunda) a uma ferida. A REF — aqui, de tristeza —, uma vez "posta à luz" na consciência da pessoa, necessita de uma oração de cura específica, que lhe é receitada. A equipe de acompanhamento, que já rezara inicialmente por Geraldo, se reuniu de novo com ele para pedir ao Senhor a cura dessa REF, com a aquiescência e o concurso espiritual de Geraldo.[3]

Dois dias depois, sempre acompanhado no mesmo contexto, Geraldo fez outra tomada de consciência: de repente ele se lembrou de ter surpreendido seus pais numa discussão violenta — ele devia ter quatro ou cinco anos — durante a qual sua mãe censurava seu pai por ter querido conservar o filho (quer dizer: Geraldo), ao passo que ela não o queria, pois chegava num mau momento para ela. Ao mesmo tempo, essa lembrança, brotada das profundezas da emoção de ódio que oprimira Geraldo quando fez a descoberta fortuita, um ódio sempre intacto com relação à sua mãe, do qual até então não tivera nenhuma consciência.

Novamente, a equipe de acompanhamento se reuniu para rezar pela cura interior daquela REF de revolta em relação à mãe, oração cujo primeiro fruto (algumas horas

---

[3] Aqui, é importante acentuar que, por ocasião de um acompanhamento em cura interior, não é aconselhado rezar pela cura de uma ferida precisa se a pessoa que a tem não deseja apresentá-la ao Senhor num mínimo de abertura à sua misericórdia... o que não dispensa de rezar por ela "mais globalmente".

mais tarde) foi um desejo, no coração de Geraldo, de perdoar a mãe pela recusa que ela tivera de dar-lhe a vida, acontecimento passado para ela, mas sempre presente para Geraldo.

Três tempos de oração por Geraldo, escolha posta pelo acompanhador em função do encaminhamento da cura interior que o Espírito Santo suscitava claramente.

No fim da semana, Geraldo — ainda não totalmente curado — partia numa grande paz e com uma nova motivação para viver. Dois meses mais tarde, toda angústia de morte desaparecera e a hora dos projetos — tão esperada! — aparecia no horizonte.

GRATUIDADE DOS DONS DE DEUS

Existe um último contexto de oração de cura, aparentemente paradoxal: aquele onde a cura precede à oração de pedido. Estamos numa dimensão espiritual onde a gratuidade dos dons de Deus se torna mais flagrante aos nossos olhos. Objetar-se-á que, se há efetivamente cura, por que falar de oração de cura conseqüente? A resposta é simples e já foi abordada por alto no começo deste livro: o Senhor nunca nos toma como marionetes! Se ele decide curar "sem prevenir", quer dizer: sem esperar que um pedido preciso tenha sido feito antes, ele nos trata como filhos e filhas. Assim, ele deseja que lhe peçamos o que acaba de dar (ou que está dando). Convidar a pedir o que ele dá já é a maneira de ele tratar-nos como filhos bem-amados e não como "estrangeiros" em relação ao seu amor.

Por uma graça de cura já recebida — ou em andamento —, o Senhor espera primeiro o nosso pedido, antes de nossa ação de graças. Infelizmente, não é raro que aqueles(as) que fizeram a experiência esqueçam ou ignorem aquela.

Perto dos 40 anos, João é padre há dez anos e pároco de uma grande paróquia em Toronto. Eu o encontrei por ocasião de uma primeira viagem de evangelização a Quebec, em 1979, e simpatizamos reciprocamente. A sua história é surpreendente e ele ma contou em algumas frases. Homem muito ativo, incansável, excelente pregador, fortemente apreciado pelos jovens, ele se dava plena e alegremente ao seu ministério. Levou algum tempo para constatar que, fazia alguns meses, ele se cansava mais rápido do que antes. Tinha náuseas cada vez mais freqüentes, a dor hepática era intensa e emagrecia muito. Os amigos insistiam para que ele consultasse um médico. O diagnóstico seria rápido: câncer primitivo de fígado. Excepcional naquela idade. Julgado incurável pela medicina. O recurso a terapias químicas prolongaria a sua esperança de vida, mas bem pouco. Dão-lhe seis meses de vida. Em torno dele, só consternação.

Muitas pessoas rezam secretamente por João, mas ele mesmo não pedia nada ao Senhor: se for a vontade dele, que fosse feita. Ele tentava conservar, ainda, o seu ministério sacerdotal, mas a fadiga aumentava, uma icterícia maligna apareceu, fazendo augurar um término da doença muito próximo.

Um mês após dado o diagnóstico, João só se levantava para celebrar diariamente a Eucaristia. Contatado por um grupo de oração carismático para virem rezar por ele, ele recusou, sem saber direito por quê.

Certo dia em que, mais cansado do que de costume, ele disse a sua missa com dificuldade, sentiu, repentinamente, um forte calor à altura do fígado, ao mesmo tempo que a dor parecia redobrar durante alguns minutos. Depois, a dor diminuiu e ele se sentiu, "em geral, melhor". Revigorado, terminou a sua missa numa paz incomum, sem compreender direito o que havia acontecido com ele. Na manhã seguinte, a icterícia desaparecera, assim como as náuseas.

Nos dias seguintes, ele recuperou o apetite perdido e comeu normalmente, sem problemas.

A médica consultada estava perplexa: o fígado ficara normal e a saúde de João estava boa, mesmo se o estado geral ainda necessitasse de fortificação. Em suma: ele estava curado... e não apenas em remissão.

João não participara de oração de cura de nenhuma espécie (embora os cristãos tivesssem intercedido muito por ele). Mas ele conta que, no momento em que ele tomou consciência de que a cura estava lá, seu coração sentiu uma forte necessidade de pedir aquela graça da cura, como se fosse preciso que, por sua oração de pedido, ele "segurasse" a cura, ou, antes, "a passagem da cura". Hoje, ele tem grandes responsabilidades na Igreja e seu ministério sacerdotal dá bons frutos para a unidade do Povo de Deus.

Sua experiência e seu testemunho só podem fortificar-nos na urgência de ousar pedir ao Senhor, sob a condição de que se aceite reconhecer que se sabe tão mal pedir como convém, e que a "arte de pedir" se aprende na prática da oração e, às vezes, com a ajuda oportuna de um acompanhamento espiritual.

8

A arte de pedir a cura a Deus

Para falar a verdade, não sei se a expressão "arte de pedir" é apropriada. Todo pedido feito a Deus — e que Deus escuta — só pode ser uma graça providencial, uma espécie de inspiração do Espírito Santo no coração do ser humano.

Então, seria melhor falar de "graça" do que de "arte do pedido justo". Entretanto a noção de arte evoca uma potencialidade interior a nós mesmos que tem necessidade de desenvolver-se, de encontrar o seu modo de expressão segundo a nossa vocação e também segundo a nossa personalidade própria.

Não se trata, pois, neste capítulo, das orações litúrgicas para a cura, nem daquelas — não-litúrgicas — que seria preciso conhecer em sua formulação, para assegurar-se de que a oração de cura é válida e — por que não — promissora.

O pedido a Deus é uma arte antes de tornar-se, para alguns, uma expressão codificada. É sustentada por um espírito antes de corresponder a certas leis espirituais, segundo a sua formulação. O espírito que sustenta a oração de pedido é o espírito filial, presente no coração de todo ser humano, de toda mulher, na medida em que não está por demais sufocado pelos hábitos psicológicos ou pelas tendências afetivas impeditivas. Por hábito ou tendência afetiva impeditiva entendo, aqui, o que contribuiria para alimentar em nós certas formas de egocentrismos invasores e dos quais não se tem ou se tem pouca consciência.

O PEDIDO FILIAL

A aquisição (muito progressiva) desse espírito filial é para nós uma experiência misteriosa, da qual Cristo nos oferece um exemplo eminente, bem como um magnífico testemunho, na oração de confiança filial que ele dirige ao Pai com relação ao seu amigo Lázaro, que está morto e que ele se prepara para ressuscitar. Para captar bem na profundidade que ela merece, é preciso lembrar que Lázaro ainda está morto no instante em que Jesus formula a oração ao Pai.

"Pai, eu te dou graças porque me atendeste. Eu sei que sempre me atendes, mas digo isto por causa da multidão que me rodeia, para que creiam que tu me enviaste" (Jo 11,42).

Não somos Jesus, não somos Deus, não somos santos, nem mesmo verdadeiros orantes, nem sequer suficientemente convertidos a Cristo para nos assemelharmos a ele o mínimo que seja. Então, por que escolher o exemplo que nos parecerá o mais inacessível? A resposta é clara: recebemos o Espírito Santo, que faz de nós filhos e filhas de Deus, fomos adotados em Jesus Cristo, mas nos tornamos realmente filhos, portanto depositários desse espírito filial ao qual nossa pecaminosidade resiste, talvez, mas que a graça do Espírito ativa em nós. "Tornar-se filhos de Deus" não é um título honorífico, que nos mudaria de cima para baixo. Trata-se de uma "nova identidade" da qual somos revestidos e que podemos experimentar em nossa existência de homem ou de mulher.

Assim, a verdadeira oração de pedido de cura não propõe a pergunta "como fazer?", mas "como ser?". Esse "como ser" induz muito amiúde um olhar sobre si, uma inquietação do tipo "sou exatamente como devo ser?... estou no meu lugar certo?".

A verdadeira pergunta é "como estar em presença de...?". Assim, é relembrada uma noção essencial, isto é, quando se pergunta, a preocupação não é mais consigo mesmo, pois se está em relação com a presença de um outro que se exprime nessa oração.

Mas na presença de quem? Este é o segredo do pedido: numa dupla presença: a de Deus, a quem peço... e a do doente por quem peço.

Vimos que existem muitas maneiras de rezar pela cura e muitos contextos para vivê-la, segundo a ocasião que nos é dada, segundo o carisma recebido, segundo a forma do ministério eventual que nos é confiado pelo Espírito Santo na Igreja. Mas esta grande diversidade continua atravessada por uma prioridade: se você reza pedindo a cura, você se dispõe a ficar na presença de Deus e permanece atento a esse doente por quem reza?

A consciência de encontrar-se na presença do Senhor, nesse momento exato, é prévia a qualquer pedido. É essa consciência que vai abrir uma fecundidade à oração, e talvez também uma inspiração, que permitirá saber melhor o que pedir a Deus. Por isso a oração de cura supõe uma vida de oração "normal", habitual, através da qual se familiariza simplesmente com a presença de Deus. Esse é o melhor remédio contra o perigo de uma oração de cura impregnada de superstição.

Uma oração de cura não é necessariamente longa, a menos que se integre numa celebração não-litúrgica de oração pelos doentes. Pode até ser expressa brevemente. O atendimento não é proporcional à quantidade de frases ou ao comprimento do discurso. Por mais sóbrio e breve que possa e deva ser, o impulso de interioridade ou de adoração que nos leva conscientemente à presença de Deus na fé é primordial.

Essa disposição interior favorece igualmente uma outra atitude: a de medir com mais pertinência que se está na presença de alguém que sofre e que se é encarregado de apresentar ao Senhor com esse peso de dor que o oprime.

Mesmo quando se sabe o que convém dizer durante uma oração de cura, muitas vezes se tem dificuldade de "situar-se bem" no tabuleiro do "acontecimento-intercessão". Tender para o esquecimento de si, da sua "qualidade própria", de sua fragilidade pessoal também, pode estar a serviço de Deus e do doente, eis o esforço espiritual para manter uma oração de pedido a Deus. Rezar sozinho com o doente ou em grupo por vários sofredores é uma disposição interior prévia que se verifica inevitável.

Ela evita cairmos na "oração rápida", a "oração automática" ou a oração sem respeito pela dignidade do doente como pessoa.

Assim, compreende-se melhor que a oração de pedido necessita de uma aprendizagem vigilante na prática, quer dizer: no contato com o sofrimento.

Por outro lado, sabe-se que uma oração de cura será mais frutuosa se o doente teve ocasião de exprimir antes o seu próprio sofrimento (quando isso é possível, é claro). Tal constatação acentua a importância da compaixão, amplamente evocada em outras obras.[1] Essa proximidade do sofrimento do outro torna claramente mais fecunda uma oração pelos doentes. E quando o contexto não permite a escuta do sofrimento, convém, antes de pedir a cura, invocar (discretamente) o Espírito Santo de uma maneira toda especial, a fim de que ele suscite uma "comunhão enraizada na compaixão" entre os doentes de uma grande assembléia (por exemplo) e lá onde as pessoas se dispõem a rezar por eles.

Nesse estado de espírito, o momento é propício para pedir a Deus. É evidente, então, que existem muitos obstáculos possíveis no coração do orante? Porque a oração de pedido não é uma roda de oração, que não levaria de modo algum em conta o conteúdo do que se pede, e não se preocuparia com a sinceridade e a confiança do que se diz. A fé que desejamos infundir em nosso pedido está misturada de tateamento, de incertezas, de hesitações inconfessas, de dúvidas ocultas, de medos. Uma coisa é crer no Jesus Cristo morto e ressuscitado, outra é crer que ele pode ou até quer curar precisamente aquele ou aquela que lhe apresentamos.

---

[1] A este respeito se pode ler: MADRE, Philippe. *Hereux les miséricordieux*. Éditions de Béatitudes, 1996.

Finalmente, parece confortável não ter nada a pedir a Deus! E isso em todos os domínios. Flertamos facilmente com um desejo sério de independência inscrito profundamente em nós. Gostamos de pedir sem que isso nos envolva numa espécie de dom de nós mesmos ao Senhor. Mas suplicar com confiança para obter uma graça de cura encontra facilmente resistências insuspeitas.

Em Palermo, em abril de 1996, durante três dias realizou-se a reunião da Renovação Carismática Católica da Sicília, numa grande sala de congressos que podia conter cerca de 4 mil pessoas. Para o segundo dia estava previsto um tempo de oração pelos doentes, para o qual os organizadores tinham feito uma certa publicidade a fim de convidar os "não-carismáticos" da cidade.

Elisabetta, 42 anos, casada, cinco filhos, dotada de um temperamento forte (estamos na Sicília!), sofria de uma poliartrite escapuloumeral muito dolorosa fazia um ano. Apesar de diversos tratamentos médicos, a dor continuava viva e paralisava todo o seu braço direito. Ela quase não dormia mais, e essa doença inflamatória no ombro reduzia enormemente as suas capacidades.

Infeliz por estar assim incapacitada na saúde e na tarefa de mãe de família, ela visitou vários grupos de oração, embora ela mesma não fosse carismática, esperando receber uma cura da parte do Senhor. Mas nada aconteceu.

Tendo ouvido falar dessa oração pelos doentes, aberta a todos, ela fez um trato com o Senhor: "Se o Senhor não me curar durante essa oração, não ponho mais os pés numa igreja pelo resto de minha vida". Ninguém sabia se ela pensava, verdadeiramente, em cumprir a ameaça, mas Deus ouviu.

Tendo chegado à celebração, ela se sentou, cruzou os braços (como podia, porque a dor era aguda) e esperou, olhando para o seu relógio. Meia hora mais tarde, ela ainda estava mal e começava a reclamar do Senhor. Uma hora depois, a constatação era a mesma.

Achando o tempo cada vez mais longo e xingando o Senhor discretamente ou quase (os vizinhos chegavam a ouvir um pouco), ela disse que dera uma caminhada inutilmente.

Uma hora mais tarde, ela não agüentava mais. Seu sofrimento era muito forte: Deus não tinha feito nada por ela, mais uma vez. "Eu o preveni, Senhor; pois é, vou embora!" Ela deixou ruidosamente a sala, sem esperar o fim da celebração, batendo violentamente a porta, tudo muito simbólico!

Estava escuro quando ela saiu, e não se via muita coisa na rua. Defronte da sala de congressos estava sendo construído um prédio. Ao atravessar a rua, ela ladeou o canteiro de obras e tropeçou num bloco de pedra que ela não vira por causa da penumbra. Caiu estirada, mas, ao cair, enganchou-se numa pesada barra de ferro, que caiu sobre ela, mais precisamente sobre seu ombro doente! A dor foi terrível, mas a revolta foi ainda maior. Estirada no chão, ela uivou contra o Senhor sem medida até que a saliva acabou. Depois, tentou levantar-se, apoiando-se sobre o braço direito sem dar-se conta. Erguendo-se sem muita dificuldade, ela percebeu, de repente, que o ombro não estava mais doendo, que seu braço podia mexer-se normalmente em todas as direções e que ela estava curada!

Espanto e alegria! Impulsivamente, como acontece classicamente, ela voltou para a sala de convenções, foi ao pódio, tomou o microfone e deu o seu testemunho.

Deus tem humor!

O testemunho de Elisabetta comporta dois elementos, além da alegria profunda de ser aliviada: um pedido de perdão ao Senhor por tê-lo provocado com orgulho, mas também uma constatação, a de não ter pedido nunca, de fato, a cura como uma criança, mas tê-la reivindicado como um adolescente cheio de caprichos que pensa que tem direito. Ela descobriu que poderia ter pedido "sadiamente", mas que seu coração se recusava a fazê-lo. A sua insistência em querer ser curada também não era justa, pois ela só pensava em seus interesses, com muito egoísmo. Mas o que aconteceu naquela noite fez com que ela compreendesse mais a misericórdia de Deus para com ela e com todos. Elisabetta concluiu o seu testemunho com uma exortação pública imprevista e vigorosa sobre a importância de confiar naquele que nos ama e sabe do que precisamos e quando temos necessidade.

PEDIR A VONTADE DE DEUS

Na minha opinião, numa oração simples e autêntica de pedido há duas coisas a exprimir ao Senhor explicitamente, a saber: nossa pobreza pessoal (que pode ser breve e discretamente detalhada diante da face de Deus) e nosso desejo de que se cumpra a vontade divina para o doente. Essa vontade é, de qualquer maneira, manifestação de misericórdia, mas não se pode prever a sua forma.

Deus cura de muitas maneiras, já observamos isso.

Uma oração de pedido para que se cumpra a vontade divina para com o sofredor só pode ser atendida. Mas a confiança autêntica que temos no Senhor nos faz esperar que ele escute a nossa "preferência", quer dizer: que a pessoa sare como se desejaria. Tudo isso é muito delicado para explicar e de modo algum desejo entrar nas considerações teológicas magistrais. Estou mais interessado em lembrar como isso acontece na fé e se ressente "no terreno", com o risco de uma certa subjetividade.

Pedir com confiança a cura incita, necessariamente, o Senhor a realizar "algo mais" de sua vontade na existência do doente e abre o seu coração àquilo que nós — intercessores do momento — preferiríamos em termo de atendimento. Isso não obriga em nada a misericórdia divina, infinitamente livre para exprimir-se como deseja (quer dizer: na sua sabedoria) em relação ao sofrimento. Mas sabemos que assim Deus escuta nossa prece e sabe que preferimos a vontade dele à nossa, o que é essencial para o bem do doente (e para o nosso também).

Acontece que, na sua sabedoria, e mediante inspirações (freqüentemente percebidas através do exercício de carismas de fé ou de conhecimento imediato), o Senhor revela, de maneira tênue e delicada, totalmente interior, o que a sua vontade pretende realizar na vida de um sofredor pelo qual se reza. Essa estratégia da misericórdia divina parece manifestada a fim de fazer o intercessor ou os intercessores crescerem na confiança e na fé. Mas não tem nada de sistemático, e guarda sempre a sua parte de subjetividade na dimensão humana de sua experiência. Eis por que o discernimento dos carismas ou das inspirações do Espírito Santo, especialmente neste domínio, deve ser aperfeiçoado.

Padre Regimbal, já citado, conta esta dolorosa e bela história, em que os pais de uma jovem, Maurina, vêm suplicar e rezar pela cura da filha acometida de esclerose em placas. Já "experiente" no exercício do carisma da cura, tendo já assistido a curas dessa doença pela graça de Deus, padre Regimbal entra em oração, na presença de Maurina e de seus pais. Mas logo percebe, em seu coração, que a oração para viver não é de pedido de cura, mas de preparação a juntar-se ao Senhor. Ele sugere aos pais que o deixem só com Maurina e fala com ela do amor do Senhor, da alegria de vê-lo. Maurina ficou muito comovida com o diálogo, que a remeteu ao que ela pressentia que tinha de viver naqueles tempos. Ela se confessou e provou de uma paz imensa, paz que não a deixou até que se reuniu ao Senhor, dois dias mais tarde.

Um testemunho pessoal análogo confirma a importância dessas "inspirações".

Os pais trouxeram a mim o seu garoto de 12 anos, que tinha crises terríveis de sufocamento, e pediram que eu orasse por sua libertação. Estavam convencidos de que seu filho era vítima de uma infestação diabólica. Perplexo, dispus-me a rezar por ele naquele sentido, pois nenhuma razão psicológica ou racional parecia justificar tais crises. Mas rapidamente fica evidente na oração que não é uma libertação que é preciso pedir ao Senhor. Brota uma intuição no meu coração, que tento com delicadeza fazer com que os pais confirmem.

"Vocês não se teriam mostrado violentos para com seu filho no passado?"

"Nunca!"

"Nem antes de ele nascer?"

Os pais se olharam, muito embaraçados, e acabaram confessando, sem jeito: "Sim, tentamos abortá-lo quando tinha três meses no ventre da mãe, mas não funcionou. Finalmente, nasceu".

"Mas agora vocês não lamentam que a tentativa de aborto tenha fracassado?"

"Não, absolutamente, ao contrário!"

"Então vocês vão pedir perdão a ele e dizer que o amam."

"Agora?"

"Sim, se possível!"

Eles o fizeram simplesmente e rezamos para pedir uma efusão de paz sobre o filho e toda a família. As crises de sufoco desapareceram em alguns dias.

AUDÁCIA DO PEDIDO

A última disposição interior para um "pedido justo" é a audácia, a qual se traduz pela insistência para com Deus. Mas nem toda insistência é boa: a que consiste em repetir sem cessar a sua oração, a que evoca mais um capricho ou uma reivindicação, a que se alimenta de uma emotividade excessiva, a que pretende inconscientemente substituir a vontade divina por uma vontade humana, e outras mais... Nenhuma delas reflete a insistência evangélica. A gente é autenticamente insistente diante do Senhor quando se implica a si mesmo no pedido, quando se está pronto a "perder tudo de si" na história, ou quando se sente pronto a certas renúncias pessoais para manifestar ao Senhor que cremos verdadeiramente nele. De fato, aqui se trata da insistência do amor, o único que pode inclinar sobre nós, ou sobre o doente, a face de Deus.

Padre Roger H. tinha um carisma autêntico de cura, que exercia, de preferência, na América do Norte. O Senhor concedia abundantes sinais de cura através de sua oração e numerosas pessoas iam vê-lo na sua paróquia. Ao final de três anos, durante os quais o seu ministério carismático produzia cada vez mais frutos, um certo cansaço se apossou dele, diante de todas as pessoas que vinham e o aborreciam constantemente. A fraqueza dele era não saber dizer não, para preservar não somente a sua saúde, mas também a liberdade interior para continuar a desenvolver o seu carisma. Ele não rezava mais se não fosse pelos doentes, e a sua relação pessoal com o Senhor endurecia-se, mesmo se os frutos de cura estivessem sempre lá.

A fadiga entrou insidiosamente em sua vida, especialmente uma fadiga espiritual, que fez com que rejeitasse o carisma de cura e perdesse progressivamente a "bela" insistência de que dava testemunho rezando pelos doentes. Perdeu-a porque a abandonou por causa do cansaço. E foi assim que seu carisma de cura extinguiu-se rapidamente, em cerca de seis meses. Transferido para outro lugar, ele lamentou atualmente ter gerido mal o dom que lhe fora dado.

Essas disposições interiores, que abrem para a oração de pedido, são aplicáveis a todos aqueles que rezam pela cura, seja qual for o contexto. Nunca são perfeitas, menos ainda quando se reza pela primeira vez. O importante não é a sua perfeição, mas a busca do seu crescimento.

Elas não são garantias para a obtenção de uma cura, mas são marcos nessa experiência espiritual delicada que é a oração de pedido ao Pai, pelo nome de Jesus Cristo.

Na esteira delas é que se compreenderão com mais realismo diversas passagens do Evangelho, como estas:

"O que pedirdes em meu nome eu o farei" (Jo 14,13);
"Não obtendes nada porque não pedis" (Tg 4,2);
"Pedi e recebereis" (Jo 16,24).

9

Que pensar do carisma da cura?

O carisma da cura tem, freqüentemente, má reputação cá ou lá na Igreja ou no mundo. Mal discernido, sofre de uma falta de reconhecimento de sua identidade como carisma.

Mal compreendido, está misturado aos fenômenos de cura irracionais — sem relação com a vida cristã —, pelos quais nossas sociedades são ávidas.

Mal acolhido, não é visto desenvolver, freqüentemente, seus efeitos, que são, no entanto, promissores.[1]

No entanto, quando é confirmado numa pessoa, atrai muitos de todas as direções e se torna um instrumento potente de evangelização.

PESQUISA SOBRE OS CARISMAS

Afirmemos uma primeira reflexão, não evidente para todos: o carisma da cura existe e podemos encontrá-lo. Mas que é um carisma?

A definição da teologia espiritual nos ensina que se trata de uma graça concedida pelo Espírito Santo a uma pessoa (ou mesmo a um grupo de pessoas) com a finalidade de fortalecer os fiéis em sua fé

---

[1] Mas esta incapacidade é a sorte da maioria dos carismas.

em Cristo ou sensibilizar de certa maneira os não-cristãos para a verdade revelada. Toda atividade carismática autêntica está, pois, ordenada para a evangelização, seja qual for a forma que tomar em relação aos seres humanos.

Seja qual for a sua forma "exterior", a graça de Deus que repousa sobre uma pessoa precisa comportar vários critérios específicos:

- é gratuita ou, dito de outra maneira, "imerecida": não depende de um grau de santidade qualquer na pessoa que a recebe. No máximo, observa-se que esta já vive um compromisso ou uma missão na Igreja, para a qual um carisma preciso se revelará uma ajuda preciosa;

- é transitória, quer dizer: seu exercício nunca é permanente, mesmo se um carisma provado possa tornar-se um ministério carismático (o que não será de maneira alguma "utilizado" senão em certas ocasiões);

- é sensível sob uma forma ou outra. É aí que os carismas "passam mal" junto a certos pensadores, cristãos ou não. Uma graça sensível é uma graça que — vindo do Espírito — se manifesta concretamente aos sentidos exteriores do ser humano (vista, audição, tato etc.). Assim, uma cura física ou psíquica é sensível porque alivia sensivelmente o doente, mas também porque outros podem distinguir aí (através do testemunho, por exemplo) a ação concreta da graça de Cristo.

Encontrei Jackie, uma mulher canadense com história pouco banal. Fazia 20 anos que estava casada com um banqueiro e passava por grandes dificuldades conjugais e, certamente, não levava uma vida moral exemplar, embora fosse católica praticante. Para sair algum tempo de seu ambiente familiar sufocante, partiu para São Domingos para fazer um retiro espiritual pregado por um certo padre Emiliano Tardif, de quem ela nunca ouvira falar. O tema — "a alegria de ser curado por Jesus" — estava, sem dúvida, dentro do seu campo de interesse. Mas, para falar a verdade, seu desejo escondido era aproveitar a "boa vida" no Hilton quatro estrelas com praia particular, onde, curiosamente, realizava-se o retiro.

Intrigada com os ensinamentos de padre Tardif e, mais ainda, pela prática, antes desconhecida por ela, de imposição das mãos na oração de intercessão, ela ficou na defensiva durante os primeiros dias. Certo dia, após o meio-dia, durante o tempo livre do retiro, ela alugou um 4 x 4 e partiu para o interior em busca de um posto de saúde. De fato, antes de sua partida, uma amigo cirurgião pedira que ela levasse instrumentos operatórios para um médico que exercia seus talentos num local afastado da ilha.

Ao chegar ao posto, disseram a ela que o médico só voltaria dentro de uma hora. Obrigada a esperar, ela olhou em volta, no pátio, e viu doentes deitados no chão de terra batida, em condições particularmente difíceis. Entre eles, muitas pessoas que sofriam de formas diversas de paralisia. Depois de atenuado o primeiro movimento de repulsa que tais pessoas lhe inspiraram, foi tomada de emoção e de um desejo de rezar por eles. Mas ela não sabia rezar!

Lembrando-se do gesto da imposição das mãos descoberto dois dias antes, ela se dirigiu timidamente a um primeiro doente, simplesmente colocou a mão sobre o ombro e balbuciou: "Jesus, faça alguma coisa por ele". Passou rapidamente para o seguinte e reproduziu a oração curta, mas sincera, por todos os que estavam estirados no pátio.

Pode-se achar esse comportamento infantil, ou grotesco, ou ainda "iluminado" (no sentido pejorativo do termo), mas acontece que meia hora mais tarde umas dez pessoas manifestaram os primeiros sinais da cura, e paralíticos passaram a andar.

Espanto do médico ao voltar. Festa no pátio. Milagres!

Jackie recebera, para a ocasião, um carisma de cura. Graça manifestamente sensível, temporária (Jackie, em várias ocasiões ulteriores, rezou por doentes, sem fruto evidente de cura) e imerecida (não era uma "cristã motivada"; tornou-se depois dessa experiência).

Reconheçamos que o que Jackie experimentou é bastante raro no plano carismático, pois os carismas de cura autênticos se exprimem mais freqüentemente de maneira repetida no tempo. No entanto a sabedoria de Deus dispõe de seus próprios dons como acha melhor.

Eis o carisma de cura no seu realismo: uma pessoa "como todo o mundo", sem aura de santidade nem diploma eminente de teologia, convidada — como todo batizado — a rezar pelos doentes (entre outros), mas cuja oração tornou-se, clara e inexplicavelmente, frutuosa quanto a um atendimento em forma de cura.

Tal é o carisma de cura como dom de Deus, a fim de que fique bem claro que o poder do Senhor se exprime através da fraqueza do ser humano.

COMO SE RECEBE UM CARISMA?

Não há nenhuma predisposição pessoal a ser observada para a recepção de um carisma de cura. Em compensação, às vezes, o contexto é propício para a manifestação de um carisma de cura, na medida em que inclui uma proposta providencial de evangelização. Jackie encontrava-se em tal contexto quando se sentiu convidada "do interior" a rezar pelos doentes. Mas por que esse carisma não se desenvolveu nela quando foi levada a encontrar ulteriormente outros sofredores? A resposta é deixada à sabedoria de Deus!

Em numerosas outras ocasiões, uma primeira oração de intercessão pelos doentes, espantosamente frutuosa, marca o surgimento de um carisma de cura que se desenvolve aos poucos e se firma em seguida à medida que é exercido.

Francisco R., padre numa paróquia de uma pequena cidade da América Latina, descobriu assim e viu crescer nele mesmo, para sua máxima surpresa, um carisma de cura. Pároco havia mais de cinco anos, ele instaurara, toda terça-feira, à tardinha, a oração do rosário para todos os seus paroquianos, oração que ele simplesmente animava, sem dimensão carismática particular. Certo dia em que ele rezou — e fez os fiéis rezarem — de modo especial pelos doentes da paróquia, um homem o procurou à saída da igreja para dar testemunho do desaparecimento de uma dor no quadril esquerdo que o impedia de andar normalmente. A dor tinha diminuído progressivamente durante o rosário e ele vinha agradecer a padre Francisco pelo alívio. Intrigado, o padre observou a ele que, se ele se sentia melhor, quem tinha algo a ver com aquilo era Jesus, não ele.

Na terça-feira seguinte, após o rosário, duas outras pessoas foram bater à porta de padre Francisco para anunciar-lhe uma graça de cura: uma relativa a uma inflamação dolorosa dos olhos que deixava uma mulher com deficiência visual e outra acerca de um homem que tinha o coração cheio de ódio de seu vizinho, que lhe roubara uma parte de suas terras 12 anos antes. Durante o rosário, uma paz profunda tinha substituído o sentimento de ódio e o homem sentia uma alegria sincera de estar livre desse inferno interior de ódio que minava a sua vida havia 12 anos. Desejara, mesmo, receber o sacramento da reconciliação a esse respeito.

Uma cura física e uma cura interior! Padre Francisco começava a perguntar-se o que estava acontecendo "no seu rosário".

A terça-feira seguinte viu o acontecimento amplificar-se: quatro pessoas deram testemunho de uma cura, sendo uma delas suficientemente "sensível", chegando a criar um pequeno rebuliço na assembléia, durante a própria oração: uma criança de uns dez anos de idade, quase inteiramente cega de um olho, percebia com surpresa pouco discreta que estava vendo normalmente. O rosário foi interrompido alguns minutos, a fim de deixar exprimir-se a alegria dos circunstantes e o espanto dos fiéis, sendo depois retomado sob a direção determinada de padre Francisco, o qual não era especialmente partidário do entusiasmo de multidões.

Uma semana mais tarde, havia uma multidão enorme na igreja paroquial para a oração do rosário. Padre Francisco chegou coçando a cabeça, sem saber muito bem o que ia acontecer e sem saber como gerenciar eventuais exageros ligados a possíveis novas curas. O número de doentes na assembléia era impressionante. Muitos tinham vindo da zona rural próxima, atraídos pelos acontecimentos das semanas precedentes.

Padre Francisco, antes de iniciar a oração, fez uma breve exortação espontânea sobre a confiança em Deus e propôs que a atenção dos paroquianos se concentrasse na própria oração, e que, se alguma pessoa experimentasse uma graça de cura, viesse ajoelhar-se aos pés do altar depois da reza do rosário. Mais de quinze pessoas se manifestaram assim, dando testemunho de curas muito diversas, especialmente no domínio da artrite, rigidez de coluna vertebral, coxeadura dos quadris e várias graças de cura interior, particularmente significativas. Essas pessoas, provenientes de um meio mais que modesto, mostravam-se alegres, com um vocabulário simples, que um médico descrente teria, sem dúvida, desdenhado, mas que importa? Eles estavam curados e queriam dividir a sua alegria com todos.

Nas semanas seguintes o fenômeno amplificou-se mais ainda, com novas curas e uma afluência pronunciada. As curas não ocorriam, no entanto, quando padre Francisco tinha de ausentar-se e deixar a animação do rosário a um de seus ajudantes, ministros da Eucaristia. Nosso pároco teve de render-se à evidência: ele acabara de receber um carisma de cura para um serviço maior de seus paroquianos. Foi a origem de uma renovação de sua paróquia, onde o Senhor continuou a realizar sinais de cura durante o rosário semanal.

Um tal testemunho de "gênese de um carisma", único em seu gênero, mas muito freqüente em muitos lugares no tocante a seu princípio, conduz a duas observações.

1) Um carisma de cura começa, o mais das vezes, com "pequenos" sinais de cura, aos quais convém dar atenção tendo em vista um bom processo de discernimento e um futuro reconhecimento ulterior, se ocorrer. Neste sentido o testemunho de Jackie é excepcional: os fenômenos de cura tomaram imediatamente uma forte amplidão, mas o carisma aparentemente não durou.

Quando evoco os "pequenos" sinais de cura, essa pequenez não corresponde necessariamente aos alívios de afecções sem importância, que tornam uma vida normal pouco ou totalmente incapaz. Podem tratar-se, também, de sinais de cura mais "consistentes", mas que o mais das vezes passam despercebidos e logo caem no esquecimento. O caso mais freqüente desse gênero de não-reconhecimento (por omissão) de um carisma de cura que começa se refere à cura interior: um certo número de cristãos rezam, de maneira diversa segundo as circunstâncias, por pessoas que sofrem de feridas afetivas, de traumatismos penalizáveis vividos no passado, e não recebem confirmação da ação do Senhor nos seus corações. No entanto as graças de cura interior estão presentes, dando uma reviravolta positiva à existência daqueles que os recebem, mas estes últimos não falam a respeito, como se a coisa fosse íntima demais, para alguns até vergonhosa.

Uma lei espiritual deve ser lembrada, importante para a renovação pentecostal: um carisma só poderá desenvolver-se se os testemunhos o confirmarem. Quem puder entender, entenda.

2) Os carismas de cura estão mais espalhados na Igreja do que se pensa, mas a verdadeira questão é a do seu crescimento.

Uma outra lei espiritual nos esclarece a respeito: é clássico descobrir um carisma, sobretudo de cura ou de profecia. É o desenvolvimento do carisma que é difícil.

Um carisma que não procura crescer já é um carisma em vias de extinção. Uma pessoa que toma consciência de ter recebido um carisma de cura, que foi ajudado no discernimento por pessoas de bom discernimento e de doutrina sólida, torna-se responsável pelo desenvolvimento desse carisma. Deveria, assim, orientar dimensões inteiras de sua vida em duas direções: aprofundar a sua própria vida de oração e dispor-se a juntar-se bastante freqüentemente a um contexto análogo àquele no qual viu nascer o seu carisma, sem, todavia, "fazer o papel de rolos compressores", sob pretexto de ser revestido de um carisma autêntico. De fato, a providência divina ocupa-se sempre em convidar de novo uma pessoa dotada de um carisma que começa a rezar num contexto análogo, sem que ela o tenha procurado.

Imagino que a afirmação tranqüila da existência freqüente de um carisma de cura num grupo de oração parecerá excessivo para um certo número. No entanto é verdadeira, mas implica um matiz: esse grupo de oração ou essa assembléia deve, por isso, estar aberto aos diversos carismas. Para uma tal abertura, a comunhão entre os membros é exigida, assim como o fervor na oração. Se um desses dois critérios se verifica defeituoso, a acolhida dos carismas será, infelizmente, como que "neutralizada".

Em abril de 1999, fui convidado a pregar um retiro sobre a acolhida dos carismas aos principais responsáveis pela Renovação Católica da Holanda. Eram cerca de 130, e sua principal preocupação era "manter vivos" os grupos de oração, cuja maioria se enfraquecia em número, apesar de um forte desejo de viver segundo a efusão do Espírito recebido havia muito tempo. Não é, aqui, o lugar para analisar os desafios da Renovação Carismática neerlandesa.

Observei rapidamente que a vida carismática lhes parecia muito difícil de gerir e o cansaço que testemunhavam a esse respeito me inquietava seriamente. Então, falamos dos carismas, de todos os carismas, e da maneira de acolhê-los com simplicidade num grupo de oração, com a condição de que este último tendesse para um equilíbrio espiritual e uma unidade interna necessária à eclosão das graças de tipo carismático.

Puderam, assim, questionar o funcionamento de certos grupos de oração, mas constataram igualmente a existência, muito discreta, de pequenos inícios carismáticos, na ordem da cura (sobretudo interior) entre certos membros de vários grupos. Concordaram que esses começos tinham sido sem dúvida mal considerados, embora um discernimento por parte da Igreja — através de um de seus representantes, na ocasião o pastor do grupo de oração — seja sempre necessário para confirmar a eclosão de um carisma.

Dentro do retiro, tiveram a ocasião de ver germinar certos carismas de cura no meio deles, para seu máximo espanto. No final da sessão, uma oração pelos doentes, animada por uma parte dentre eles, viu ocorrer um número importante de curas de toda espécie, especialmente no domínio da cura interior. Ocorreram também curas físicas.

Os "começos" eram modestos (como na história de padre Francisco), mas animadores.

Um ano mais tarde, os organizadores me informaram que o retiro permitira que vários carismas de cura desenvolvessem uma atividade frutuosa para a glória de Deus. Certos grupos de oração propunham regularmente assembléias de oração pelos doentes, que o Senhor abençoava abundantemente. Outros tinham começado a formar "subgrupos" compostos de algumas pessoas que exerciam um ministério de cura interior com acompanhamento específico e individual, que dava muitos bons frutos.

Mas fora preciso aquele retiro para fazer com que descobrissem que a vida carismática consistia primeiro em acolher na fé os dons que o Senhor dava prodigamente, discernindo e encorajando as primeiras e tímidas manifestações.

Sem essa etapa inicial de discernimento sobre "pequenos começos possíveis", o exercício mais amplo e mais livre dos carismas não pode desenvolver-se.

GERIR O SEU CARISMA

Provavelmente, ter-se-á compreendido que existem vários grandes tipos de carismas de cura, assim como uma infinidade de maneiras de exercê-los. Uma pessoa que recebeu um carisma desses será convidada a integrá-lo progressivamente na sua própria vida espiritual e cuidará de entregar-se a esse ímpeto espiritual íntimo que move todo carisma. Porque o exercício de um carisma não tem nada da adoção de um método ou da aplicação de uma técnica. Um carisma de cura que se torna seguro insere-se numa espécie de "personalidade espiritual" Torna-se constitutivo da graça pessoal daquele que o acolhe. Não se trata nunca de uma atividade espiritual "à parte" do resto. Um carisma de cura em crescimento está, geralmente, a serviço de uma missão na ordem da compaixão, salvo se acompanha uma outra atividade carismática, tal como observaremos mais adiante. Isso significa, entre outras coisas, que um carisma de cura autêntico convida a pessoa que o recebe a crescer no conhecimento do amor de Cristo, do Cristo crucificado, do Cristo compassivo. Privado desse conhecimento espiritual, o carisma não desenvolverá a fecundidade que o Senhor esperava conferir-lhe.

Afirmo que um cristão que constata a eclosão de um carisma de cura ganhará enormemente se procurar um acompanhante espiritual para o assunto dos carismas, o qual estará encarregado de ajudar a integrar a experiência desse carisma em sua própria caminhada espiritual em direção a Deus.

Os grandes tipos de carismas de cura são, classicamente, em número de três: cura física, cura interior e libertação dos laços espirituais ocultos. O esclarecimento é precioso, porque é bom que um carisma de cura, que começa, aprenda e aceite a finalidade da qual o Senhor o dotou. Aquele que, com a ajuda do discernimento de outrem, descobre que sem dúvida recebeu um carisma de cura, de preferência no domínio das feridas interiores, deve saber deixar-se guiar pelas circunstâncias nesta "dificuldade", na expectativa simples, e não medrosa, de que Cristo possa agir "normalmente" através de sua oração. Não convém que procure rezar numa outra expectativa, a de sinais de cura física, por exemplo.

Uma tal atitude de sabedoria repousa sobre o princípio de "ficar na sua própria graça", princípio que vale também no plano das graças carismáticas. Entretanto um carisma de cura pode estar relacionado, sem que seu depositário o tenha procurado, com os três tipos mencionados anteriormente. Mas um tal "leque de alvos" no carisma de cura se encontra sobretudo na situação evocada mais adiante.

Um carisma de cura pode exprimir-se "individualmente", de maneira autônoma. Uma pessoa (ou um grupo) reza pelos doentes

— o contexto todo confuso — e curas ocorrem numa certa freqüência incomum.

Mas esse carisma de cura pode ser complementar de outra atividade carismática, como um ministério de pregação ou de ensino, por exemplo. Nessa perspectiva os sinais de cura concedidos pelo Senhor acompanham a palavra de instrução ou de exortação dada à assembléia. São como um acréscimo de graça manifestado sob a forma de cura, para confirmar de uma certa maneira a palavra espiritual dada, a qual veicula nela mesma a graça primeira dada pelo Espírito às pessoas presentes. Não há necessidade de oração específica pelos doentes para a obtenção desses sinais de misericórdia, embora a oração ao Espírito Santo sobre o auditório possa acompanhar de maneira feliz um tempo de pregação.

Nessa situação, onde se misturam os três grandes tipos de cura, o carisma de cura enxertou-se — por pura sabedoria divina — num carisma ligado à Palavra.

Em novembro de 2000, fui convidado para uma jornada espiritual da Renovação Carismática Católica belga, no santuário mariano de Banneux, lugar pelo qual tenho afeição particular. A reunião anunciava o tema "A fé para mover as montanhas". Estava previsto um ensinamento sobre o assunto, seguido de uma celebração eucarística e, no fim, de uma oração pelos doentes.

Uma pregação sobre a fé foi muito bem recebida; as pessoas presentes foram convidadas a se desfazer de certos clichês concernentes à noção de fé — uma fé que se torna freqüentemente tíbia demais por "falta de exercício" — e para entrar numa experiência concreta de fé posta em ação.

A oração daquele dia pelos doentes foi — como muitas vezes — cheia de sinais da misericórdia divina, mas os testemunhos vistos e ouvidos por todos no final revelavam graças de cura recebidas durante o ensinamento, portanto bem antes da própria oração.

Tal como Genoveva, 57 anos, acometida de câncer metastasiado, focalizado principalmente na coxa direita (o fêmur estava corroído pela doença e uma grande bolsa de sangue se reunira em torno do osso doente, fazendo com que a coxa dobrasse de volume). Genoveva tinha chegado numa grande fraqueza física, sem poder mover-se sem ajuda de muletas, e sofrendo de uma dor aguda na perna. Durante o ensinamento, ela de repente sentiu um grande calor na coxa, assim como uma sensação de paz em todo o corpo. No final do ensinamento, ela podia andar sem problema, sem dor e sem muletas, e sua coxa voltara ao volume normal. Não sei se o câncer foi curado, mas o sinal de melhora de saúde se revelava a todos muito eloqüente.

Como Gislaine, ou ainda Maria, que sofriam, as duas, de idéias suicidas obsessivas havia muito tempo e foram libertadas "espontaneamente" quando, no ensinamento, foi evocada a Palavra de ressurreição de Jesus a Lázaro diante do túmulo.

Como João Luís, 17 anos, asmático permanente, que sentiu uma dilatação incomum de sua caixa torácica durante o convite a crer "ativamente" no poder de Deus, e ficou curado de sua asma em alguns segundos.

O Senhor gosta de confirmar com sinais de cura o exercício de um carisma ligado à força da Palavra de Deus, pois esta Palavra é e será sempre viva.

Convergência de carismas

Outros carismas podem revelar-se complementares de um carisma de cura. É, freqüentemente, o caso do carisma da fé, ou, ainda, do carisma do conhecimento imediato. Mas, diferente da situação precedente, em que a cura acompanha o ensinamento ou o anúncio de Cristo (pregação), esses dois carismas enxertam-se no exercício de um carisma de cura e se põem, de certa maneira, a seu serviço, para uma melhor fecundidade do último. Examinaremos essa possibilidade num capítulo ulterior, mas só podemos ser edificados na confiança em Deus quando contemplamos o "jogo" dos carismas e sua notável complementaridade.

Julho de 1996. Eu estava em Cagliari, principal cidade da Sardenha, onde ocorria uma reunião de três dias para toda a Renovação Carismática da ilha. Também para lá estava prevista uma grande assembléia de oração pelos doentes, eu presente. Assisti à manifestação do poder de Deus naquela assembléia quando a celebração mal tinha começado. Prova de que não se deve perder a coragem quando o clima espiritual não parece propício, inicialmente, a uma oração de cura que, no entanto, estava prevista e para a qual muita gente se deslocou.

Não esqueçamos nunca que uma reunião de oração pelos doentes constitui, de partida, um lugar primordial de evangelização não somente para as pessoas presentes (e que não estão doentes), mas também para todos aqueles que acolherem, no instante ou mais tarde, os testemunhos de curas concedidas pelo Senhor.

Em Cagliari, a oração tinha realmente começado mal por causa de uma efervescência barulhenta na assembléia. As pessoas mostravam que não desejavam entrar no recolhimento e seu movimento de fé parecia bem fraco por todos os tipos de distrações sonoras. Cantavam louvores a Deus, mas, embora presentes, a maioria situava-se "no exterior" da oração, quer dizer: como se não estivessem "ligados" pelas graças que, no entanto, estavam esperando da misericórdia divina.

Os primeiros 20 minutos foram francamente penalizantes para os animadores, a ponto de eu me interrogar sobre o desenvolvimento a ser dado à celebração. Mas o Espírito Santo fez a situação evoluir muito depressa, bem como a atitude da multidão.

Salvo algumas exceções, as pessoas não tinham ouvido falar do carisma do conhecimento e, quando uma primeira palavra profética de cura foi dada, a surpresa fez baixar o volume dos decibéis e a atenção ao que ocorria tornou-se palpável. Essa palavra de conhecimento imediato anunciava que o Senhor curaria, naquele instante, um certo Giuseppe, com 48 anos, acometido de uma grave angina de peito fazia anos, que havia tido dois infartos e que não podia andar, muito menos subir degraus de escada, porque logo ficava sufocado, apesar de um tratamento médico.

Esse anúncio de cura suscitou o silêncio, mas um silêncio questionado. As pessoas esperavam ver. Convidei, então — numa fé misturada com medo de enganar-se —, Giuseppe (que não conhecia de nenhum lugar) a convencer-se, onde quer que ele estivesse, de que a sua cura estava de fato em curso, depois a vir ao microfone para que ouvíssemos o seu testemunho.

Todo mundo olhava para a direita e para a esquerda para descobrir Giuseppe e ninguém o via. Nesse tipo de circunstância, o animador da oração não vai longe! O tempo passava e... ninguém. As pessoas continuavam a olhar em volta delas. Uma leve transpiração de inquietação corria ao longo de minha coluna vertebral. Certamente, falta fé inquebrantável nesse tipo de situação. Era o meu caso.

A palavra de conhecimento imediato era autêntica? Giuseppe existia mesmo? Tinha ele consciência de que estava curando-se? Suspense!

Enfim, chegou um homem, mais correndo que andando. Ao subir ao pódio, diante das centenas de olhos fixos nele, ele começou o seu testemunho:

"Eu sou Giuseppe e tenho 48 anos. Tenho uma doença cardíaca grave que os médicos tratam faz oito anos. Tive dois infartos, o segundo há um ano, e estava incapacitado de andar, a não ser um pouquinho com minhas bengalas e parando muito. Não podia subir os degraus da escada e, para vir a esta igreja, com os degraus que vocês todos conhecem, tive de parar a cada dez segundos.

Quando ouvi o anúncio da cura da angina, não compreendi o que se passava, mas senti um forte calor na região do coração, bem como uma sensação de libertação de meu problema cardíaco. Perguntava-me o que acontecia e depois disse-me que, se o Bom Deus fazia algo para mim hoje, eu devi a levar isso a sério. Então, saí pelo fundo da igreja, dei três voltas apressando o passo, sem sentir nenhuma fadiga ou falta de fôlego. Estava bem! Desci e subi as escadas do átrio duas vezes, sem problema. Estou verdadeiramente curado. Sinto-me em plena forma, como se nunca isso me tivesse acontecido em dez anos! Agradeço ao Senhor por sua bênção e peço que ele abençoe toda a minha família hoje e também a todos os doentes que há lá."

Seguiu-se uma trovoada de aplausos, seguidos de cânticos de louvor, e a celebração pôde continuar numa verdadeira atmosfera de recolhimento, onde todos rezavam com fervor. E os sinais de cura física ou interior foram abundantes naquele dia.

10

É preciso ter fé para ser curado?

"Tudo é possível para quem tem fé", afirma Jesus (Mc 9,23). A interpretação fundamentalista dessa frase acerca da cura induz muitos ao erro, até ao abuso em certas maneiras de rezar pelos doentes. Muitos preferem ver aí uma relação direta entre a fé do doente e a sua cura, como se a primeira determinasse a segunda. No entanto não há nada mais falso para a obtenção de uma cura, nem de mais culpabilizador para quem sofre, do que tentar colocar a sua confiança em Deus sem ser por isso curado.

Infelizmente, os excessos são bastante numerosos neste campo para desacreditar, cá e lá, o recurso à oração pelos doentes ou o exercício de um carisma de cura. Por isso a urgência de compreender melhor a relação entre fé e cura, pois esta existe, mas torna-se delicada para ser perscrutada.

QUAL FÉ PARA A CURA?

Muitas das curas realizadas por Jesus, nos evangelhos, levaram a uma confiança maior nele. Por outro lado, "ver para crer" é uma exigência muito ambígua, e é preciso lembrar que Jesus, às vezes, recusou-se a dar um "sinal do céu" pedido por alguns (Mc 8,11-13) e que a recusa a crer sem ter visto fecharia a porta da fé. A bem-aventurança dirigida a Tomé (Jo 20,29) é particularmente significativa. Em Nazaré, Jesus não pôde fazer milagres e se espantou com a falta de fé deles (Mc 6,5-6).

Mas então, onde se situa a fé na dinâmica de cura de Cristo?

A fé se encontra de maneira primordial naquele que faz os gestos da cura, quer dizer: o próprio Cristo.[1] Porque Cristo tem fé (confiança) em seu Pai, ao mesmo tempo que tem fé no ser humano, na sua capacidade de erguer-se pela graça de Deus.

Esta fé de Cristo como homem é uma chave de compreensão no tocante à relação fé/cura. Quando se buscam os "traços da fé" em outro lugar que não seja em Jesus, só se pode entregar-se a deduções aleatórias. Assim, certas pessoas testemunham uma confiança imediata no poder de Cristo, como o leproso que acreditou no seu poder de cura (Lc 6,12-14). Mas as pessoas que se encontram em circunstâncias análogas não se beneficiam com essa mesma fé.

Outros, como o pai da criança epiléptica (Mc 9,15-27), parecem viver um crescimento necessário de sua fé através de um diálogo com Jesus, antes que a cura possa ser feita.

Às vezes, é ainda mais vago, como os leprosos, que, simplesmente, obedecem à palavra de Cristo e, no caminho, constatam a sua cura.

A fé dos intermediários — entre Cristo e o doente — às vezes se verifica determinante, como a do centurião que crê na palavra de Jesus (Lc 7,6-9), ou, ainda, a de Jairo para a ressurreição de sua filha (Mc 5,22-23). Mas aí também nada de sistemático.

Enfim, notamos em numerosas ocasiões a ação de graças das testemunhas através da qual se pode discernir, certamente, uma grande alegria, mas também uma fé que cresce justamente ligada ao testemunho.

Isso nos permite afirmar claramente que fora da fé os sinais de cura não têm seu sentido evangélico, tanto os de ontem como

---

[1] A respeito da fé de Cristo, pode-se ler: MADRE, Philippe. *L'heure des miracles*. Éditions des Béatitudes, 1997.

os de hoje. O seu reconhecimento como sinais da presença atuante de Deus é devido à fé. É ela que permite que uma cura não apenas se realize, mas também que seja acolhida como um sinal da misericórdia do Senhor.

A resposta à pergunta do título do capítulo — "É preciso ter fé para ser curado?" — é: não necessariamente! Pelo menos não é indispensável que aquele que é curado tenha tido fé, mas então é preciso que alguém a tenha tido como que "por ele". Portanto a fé está ligada de algum modo à obtenção de um sinal de cura da parte de Deus, seja ela física, seja psíquica.

Cidade de Quebec, março de 1986. A casa Jesus Operário era, então, o grande centro de retiros espirituais da região, animado por vários padres jesuítas, todos membros da Renovação Carismática e cheios de zelo pela evangelização. Numerosas sessões de ensino, bem como uma forte atividade de acompanhamento espiritual, eram aí propostos, atraindo um grande número de pessoas toda semana. Por ocasião de uma viagem ao Canadá, a equipe da Jesus Operário me pediu que fizesse uma conferência sobre "a alegria de Deus em nossas vidas", seguida de uma oração pelos doentes.

O anfiteatro onde se desenrolava a conferência ficou pequeno demais para a ocasião, e os padres jesuítas tiveram de abrir mais uma sala subterrânea grande, de onde as pessoas que não tinham podido entrar no anfiteatro podiam seguir por transmissão através de vídeo "o que acontecia em cima".

Germano estava lá, bem contente por não estar no anfiteatro, pois não se sentia à vontade. Lídia, sua amiga, quase o tinha arrastado para aquela noitada espiritual, e ele finalmente concordou porque ela lhe tinha sugerido que, depois, eles podiam ir ao cinema juntos. É preciso dizer que Germano não era crente. Seus pais, católicos, tinham, segundo ele, se desgostado da religião, e a questão de Deus não era sequer colocada em seu espírito. Ademais, Germano era cego do olho direito desde criança. Um carro o tinha jogado no asfalto: fratura do crânio e cegueira do lado direito.

O choque dessa incapacidade fora rude, mas depois de alguns anos ele se acomodara, embora vivesse com medo de perder também o olho esquerdo.

A conferência o aborrecia tremendamente, de tal modo a história de alegria de Deus lhe parecia irreal. Ele cochilava, enquanto Lídia, profundamente crente, suplicava ao Senhor que tocasse o coração de Germano. Ela o amava, e se tratava de casamento, mas entre os dois havia o imenso fosso em relação à fé, o que lhe dava medo quanto à perspectiva de uma vida conjugal.

Mas Germano começou a despertar quando, durante a oração pelos doentes, as pessoas começaram a dar testemunho de curas obtidas. Notou até um detalhe que o divertiu: havia mais testemunhos vindos de pessoas presentes na sala subterrânea que no anfiteatro. Diziam que, se o "Deus deles" existisse, ele se ocuparia só com os que estavam bem situados, em cima, nas cadeiras, ao passo que eles, embaixo, estavam instalados em bancos.

Mas Germano continuava alheio ao que se vivia, até o momento em que começou a sentir uma queimação no olho direito, bastante dolorosa. Contrariado, ele apoiou as mãos sobre os olhos, como para conjurar o mal e ficou assim alguns minutos, dobrado em seu assento. A dor parou e ele ergueu a cabeça; uma sensação luminosa e estranha perpassava seu "olho morto", e percebeu que podia ver a grande tela do vídeo, 50 metros à sua frente, com os dois olhos. A sua cegueira estava desaparecendo! Estupefato, ele perguntou a Lídia o que se passava. Ela compreendeu instantaneamente. Cheia de alegria (era o tema do dia!), ela empurrou Germano para ir testemunhar. Primeiro, ele se recusou, depois, por ser um homem rigorosamente honesto, decidiu ir dizer algumas palavras ao microfone. Fez todo o trajeto desde a sala debaixo até o anfiteatro como numa nuvem, tal era nova para ele a capacidade reencontrada de ver com os dois olhos.

O seu testemunho foi comovente. Germano especificou que não tinha fé fazia muito tempo e que, a esse respeito, ainda tinha a impressão de que nada mudara. Todavia, reconhecendo "que alguma coisa tinha efetivamente acontecido", ele decidiu abrir-se àquela dimensão de fé, a fim de que, se Deus existisse verdadeiramente, ele pudesse agradecer-lhe um dia.

Deus cuidou, de fato, dele, pois, três anos mais tarde, casado com Lídia, Germano era responsável por um grupo de oração na região de Quebec.

Germano não tinha, pois, a fé para ser curado, como muitos de nossos contemporâneos sofredores; no entanto foi realmente curado, tanto no âmbito do sinal como no da finalidade da cura realizada no poder do Espírito Santo.

Mas ele foi levado à presença de Cristo ressuscitado por pessoas que tinham pelo menos um pouco de fé, e isso foi suficiente para mudar tudo.

Os carregadores da maca

O ensinamento da cura do paralítico em Lc 5, já evocado, nos esclarece prodigiosamente a esse respeito: foi ao ver a fé dos carregadores da maca que Jesus decidiu curar o paralítico, um paralítico cujo nome o Evangelho não nos informa. Em linguagem clara, isso significa que são Lucas deseja chamar a nossa atenção para a atitude espiritual dos carregadores — pois é importante captá-la — mais do que sobre a do paralítico. Jesus olha para "aqueles que lhe trazem o doente" e, sobretudo, olha "como o doente é trazido a ele, quer dizer, posto em sua presença". É claro que não se trata de um meio prático, mas de uma atitude de alma que se chama fé.

Qualquer um que reza por um dos seus próximos ou amigo que sofre não fica parado, pois a fé — se existe pelo menos um pouquinho dela em seu coração — suscita um movimento invisível, o de levar concretamente esse doente à presença de Jesus.

Qualquer um que exerça de maneira equilibrada e prudente um carisma de cura faz o mesmo, numa aceleração desse movimento invisível.

Um padre que administra um sacramento em que os frutos da cura podem ser legitimamente concedidos pelo Senhor — essencialmente a unção dos enfermos, a reconciliação ou a Eucaristia —, faz a pessoa entrar nesse movimento que "leva" invisivelmente à presença do Cristo ressuscitado.

Um ministro ordenado, ou uma equipe de animadores, que coordena o desenrolar de uma celebração de oração pelos doentes, está mergulhado na mesma realidade espiritual.

Muitas vezes, tem-se dificuldade de conceber a fé dos carregadores da maca, ou, ainda, a do centurião, que Jesus admirou! Do mesmo modo, como é a fé daqueles que hoje rezam pelos que sofrem? Ou, melhor, como deveria ser para ser "eficaz"? De que era feita a fé do centurião, um homem certamente bom, mas que não andava na companhia de Jesus?

A confusão reina nas nossas apreciações, pois as representações da fé, ou mais precisamente, da experiência da fé, alimentam-se mais da noção de conhecimento da fé. Crer não é, primeiro, conhecer com a sua inteligência (iluminada pela graça) as realidades reveladas por Cristo e nele? Limitar-se a essa explicação não nos facilita a experiência da fé. Ora, é esta última que nos interessa na oração de cura.

A fé é, antes de tudo, um ato de adesão do coração e de "confiança cega" (quer dizer: não justificada por sentimentos pessoais, nem ancorada em certezas racionais) com respeito a qualquer um que não se compreende plenamente, mas que se julga — de longe, antes que isso se torne próximo! — digno de nossa confiança. E é assim que Jesus se apresenta a nós, convidando-nos para a fé, como se nos dissesse: "Primeiro confiai em mim... Não tenheis medo, porque sou manso e humilde de coração e na minha presença encontrareis a paz para vós e para os vossos". Evidentemente, essa experiência inicial da fé não basta para toda uma vida. Tem necessidade de ser alimentada de luz e de verdade, de ser purificada de toda forma de extravio possível. É a necessidade de crescimento da fé. No entanto, o ato de confiança — ato livre, aliás, apesar de seu caráter "cego" — continua sendo o fundamento da vida de fé, e é este último que Jesus nota entre os carregadores da maca e os intercessores atuais.

Todos somos capazes dessa fé, por pouco que estejamos em comunhão com outros cristãos e prontos a assumir um risco, aquele pelo qual o Senhor nos leva a ir num caminho mais longo do que tínhamos previsto. Rezar segundo essa fé confiante não significa a garantia da obtenção da cura, mas a do olhar do Ressuscitado posto sobre o nosso doente.

Em junho de 1995, eu estava em Caltanissetta, local situado no centro da Sicília. A Renovação Carismática da ilha organizara uma reunião durante um "longo fim de semana" de três dias sobre o tema "O poder do Espírito Santo, hoje, no mundo". A reunião realizava-se num estádio de futebol, bem mais adaptado às atividades esportivas que às religiosas.

Fora combinado que no sábado eu daria duas conferências seguidas: uma das 11h às 12h, a outra de 12h30min às 13h30min (antes da refeição de meio-dia). Lembro-me de que nesse dia a força do Senhor tocara em muitos corações. O Espírito Santo marcara um encontro e seu sopro era quase palpável na assembléia.

Quando terminei a minha primeira conferência, um policial uniformizado se precipitou para mim e me disse, tomando a minha mão:

"Doutor, é absolutamente preciso que o senhor venha conosco ao hospital. Nosso comandante (o chefe da polícia de Caltanissetta) sofre de um câncer e não tem mais muito tempo de vida. É preciso que o senhor reze por ele, por favor. Pedimos aos organizadores da reunião e eles estão de acordo que levemos o senhor."

"Por mim, tudo bem, mas que vai acontecer com a segunda conferência prevista para daqui a meia hora?"

"Não se preocupe. Cuidaremos de tudo. Venha depressa."

Ele me pegou pelo braço e levou-me para um carro de polícia, que era acompanhado por dois outros carros e de meia dúzia de motocicletas. O cortejo partiu com os faróis giratórios e as sirenes ligadas. As ruas da cidade, muito cheias naquela hora, eram esvaziadas pelas motocicletas que nos precediam. Numa velocidade evidentemente superior à permitida, chegamos ao hospital, após ter atravessado a cidade, em dez minutos!

Elevador, grandes corredores assépticos com cheiros desagradáveis. Entramos num quarto — imenso, porque tinha oito leitos —, onde estava deitado o chefe de polícia. Era um homem de cerca de 40 anos, num semicoma. De fato, não tinha mais muito tempo de vida. Sua mulher e seus seis filhos estavam lá. Esperavam a visita. Os dez policiais que me acompanhavam também entraram no quarto.

Ajoelhei-me ao lado do doente e tomei-lhe a mão. Num mesmo movimento, todos se puseram igualmente de joelhos e juntaram as mãos para uma oração silenciosa e comovente. Eu nunca tinha visto policiais naquela atitude, é verdade, mas fiquei impressionado com a sua fé simples, mas evidente. Deviam, de fato, gostar muito de seu comandante para rezar com tal fervor discreto. A esposa e os filhos do comandante também estavam ajoelhados, e todos rezavam com confiança.

Foi um momento de grande intensidade espiritual, em que não formulei senão algumas palavras, tanta era a intercessão ardente que se desenvolvia no silêncio. Para mim, foi um grande ensinamento sobre a oração de confiança — quando se pensava que eu devia "gerir" essa intercessão — e admirei aquelas pessoas de fé popular, mas viva. Eram verdadeiros intercessores na fé pelo comandante de polícia, não somente por sua oração (que eu não ouvia), mas por toda a sua atitude.

Depois de dez minutos, um policial se levantou e convidou-me, delicadamente, com um grande sorriso de agradecimento, a voltar ao carro. Eu tinha muita vontade de ficar ainda, mas ele insistiu, pois tinham prometido aos organizadores que voltariam para a hora da segunda conferência. Novamente, o cortejo em grande velocidade pelas ruas de Caltanissetta. De volta ao "estádio carismático", a conferência começou exatamente às 12h30min!

Não sei o que aconteceu ao comandante. Quando o deixei, ainda estava em coma. Uma mensagem pelo correio me informou que uma semana mais tarde ele saíra do coma, mas continuava no hospital e, aparentemente (ainda), não a caminho da cura. Mas não duvidei um instante que, por causa daquele "envolvimento de oração" comovente que o levara à presença do Cristo ressuscitado, o homem fora abraçado pela misericórdia de Deus.

A FÉ DE CRISTO

A fé que leva o doente "para o seu Deus", mesmo quando esse doente não seja crente, é a resposta a muitas perguntas. Sob a condição de que se acrescente um peso mais exato: quem leva o doente à presença de Deus é o próprio Cristo. É a famosa fé de Cristo como homem que "transporta" o sofredor olhado por Jesus ao coração de Deus, ao coração do Pai. E essa fé de Cristo, ele a dá em partilha, ele, nosso "intercessor no céu" (cf. Rm 8,34). Quando rezamos pelos doentes, é com um pouco da fé do próprio Cristo, quando ele intercedia ao seu Pai por um sofredor, que importa viver.

Não há dúvida que, quando Jesus rezava por uma pessoa em particular, ele a apresentava ao seu Pai, cuja vontade conhecia, pois estava plenamente unida à sua. É assim que ele continua, hoje, na Igreja e pela Igreja, a apresentar ao Pai o doente pelo qual estamos rezando, pelo menos na medida em que nossa fé é um pouco semelhante à dele quando ele exercia na terra a sua missão de anunciar o Reino de Deus.

Tais considerações nos ajudam a pressentir a importância de um tal papel de intercessor ou de um ministério de cura. É, finalmente, na fé de Cristo — recebida em partilha — que somos convidados a rezar pelos doentes, segundo o apelo que repousa sobre nós. Eis por que, em nossa própria experiência de intercessão, esta fé é vivida mais como uma atitude de confiança filial em relação ao nosso Deus.

O CARISMA DA FÉ

Gostaria de chamar a atenção daquele que reza para a importância da fé que o intercessor tem, uma fé ativa, que encoraja, feita de convicção quanto ao poder do Senhor da vida e de expectativa de realização de uma vontade divina. Com efeito, diante da obtenção possível de um sinal de cura, se ergue no doente um obstáculo inesperado, que muitos têm dificuldade de aceitar, a saber: o medo.

Não falo, aqui, de um sentimento consciente de medo, ao qual podemos todos estar expostos, mas de um medo irracional, o medo de ser curado, o qual só desperta na situação precisa em que se vive uma tomada de consciência de que a cura poderia realmente acontecer. Observei, aliás, que esse medo se manifesta como obstáculo à graça, especialmente num contexto de sinal de cura messiânica (olhos, ouvidos, membros ou estrutura óssea doentes).

Lembremo-nos do medo de Maria José, no momento em que ela percebeu que vivia uma melhora concreta de sua paralisia, medo que poderia ter interrompido o processo de cura iniciado se ela tivesse parado aí.

A fé de que falo é o contraveneno desse medo e estimula a coragem do doente, coragem necessária para aceitar o concreto da cura, pois de fato é preciso!

Tocamos, aqui, na noção de carisma da fé, espécie de convicção interior que surge no instante (aspecto transitório do carisma), que vai além de toda questão de emotividade excessiva ou de voluntarismo espiritual (que são caricaturas suas). Essa certeza carismática de fé é percebida pelo intercessor, ou pelo animador da oração, orientada para um "alvo" (uma pessoa ou um grupo de pessoas) doente. Não se trata de uma certeza da cura, tal como se poderia desejar subjetivamente; trata-se de uma convicção de que Deus quer estar em ação, mas que medos profundos inibem a acolhida de sua vontade (que pode ser o sinal de cura).

A primeira vez que experimentei com força — mas sem o conhecer — esse carisma de fé foi durante a sessão carismática proposta pela Communauté des Béatitudes em Ars, em 1985. A comunidade tinha organizado uma vigília de oração pelos doentes, e nós nos preparávamos para ir rezar sobre cada sofredor, praticando o gesto de imposição das mãos para acompanhar a intercessão com um ato concreto. O gesto é classicamente sinal de comunhão e de atenção fraterna ao sofredor. Não tem, em si, nenhum "poder" particular, como interpretações "mágicas" poderiam sugerir. Jesus, nos evangelhos, gostava de tocar os doentes que ia curar. De alguma maneira ele unia o gesto à palavra.

Os doentes eram muito numerosos naquela tarde e tínhamos previsto um bom número de irmãos e irmãs da comunidade para rezar por cada um. Eu olhava as filas de doentes em cadeira de rodas e me dispunha a enfrentar na oração a primeira pessoa que se apresentasse a mim. Sem que eu percebesse, meu olhar parou numa jovem mulher, claramente paralisada das pernas. Não a conhecia, mas uma certeza interior nascia em mim: o Senhor me enviava a ela porque "tinha o seu plano". Aproximei-me dela. Primeiro era preciso estabelecer um contato tranqüilizador (foi mais ou menos isso que percebi como urgência).

"Como a senhora se chama?"

"Chantal."

"Qual é a sua idade?"

"24 anos."

"Desde quando está nesta cadeira de rodas?"

"Desde a idade de 19 anos. Tive um acidente de moto que me quebrou a medula espinal."

"Recuperou-se um pouco?"

"À esquerda, posso apenas mexer minha perna, mas à direita, ela está definitivamente perdida."

"Gostaria que o Senhor fizesse alguma coisa por você?"

Triste sorriso desencantado, como se a pergunta não se referisse a ela. Eu estava cada vez mais tomado por essa convicção bem particular.

"E se Jesus quiser curar você?"

"Por que eu? E todos os outros aqui? Também eles estão doentes."

O grande argumento!

"Não se preocupe com os outros hoje. O Senhor sabe ocupar-se deles em tempo oportuno. Pense em você, porque é de você que ele se ocupa; agora vamos rezar juntos."

Sem responder, ela baixou a cabeça e fechou os olhos. Alguns minutos mais tarde, perguntei: "Você sente uma sensação especial em seu corpo?".

"De fato não (com ar de quem diz: não se canse mais)."

Então, fingi que estava um pouco enraivecido.

"Chantal, não perca a coragem antes da hora. Se Jesus quer agir hoje, ele pode, mas é preciso sua colaboração. É como se você tivesse medo dele. Peça a ele para que a toque. Sei que ele quer fazer isso."

Fiquei com medo de ser um pouco "manipulador de esperança", mas era assim que era levado a comportar-me, como se fosse preciso vencer uma cortina de medo em Chantal. Alguns minutos depois, voltei a perguntar-lhe: "Você ainda não sente nada?".

"Sim, como uma corrente elétrica fraca nas pernas e na parte de baixo da coluna vertebral."

Sinal animador, mas impreciso.

"Tente mover a perna direita."

"Não consigo", disse ela fazendo uma careta.

Mas a minha convicção interior não se deixava amedrontar por aquele fracasso aparente.

"Continuemos a rezar!"

Os organizadores começaram a pensar que, naquele ritmo, a vigília corria o risco de durar a noite inteira.

"Vamos enfrentar as coisas com a fé! Fique de pé, você vai ter ajuda."

Depois de um curto momento de hesitação, Chantal apoiou-se nos braços da cadeira. Eu a sustentava pelas axilas. Estava tão frágil sobre suas pernas finas. Eu pressentia que era preciso animá-la, convidá-la à confiança, ajudá-la a vencer suas hesitações. Deu um passo, com muito cuidado, sempre assistida, depois outro, depois um terceiro.

Animando-me, retirei o apoio de meu braço. Ela ficou de pé, sozinha, coisa inimaginável alguns minutos antes. Vendo-se privada de sua segurança, ela teve medo e vacilou. Novamente, passei a estimular-lhe a coragem, com o que acredito, agora, ser uma forma de carisma de fé. Ela se refez e andou sozinha, com dificuldade no começo, mas com uma segurança crescente de que uma força sobrenatural garantia seus passos. Recuando, eu a precedia, com os braços abertos para segurá-la caso ela caísse. Mas não foi necessário, porque ela deu a volta ao altar, algumas dezenas de metros, sob uma trovoada de aplausos. Deus visitava o seu povo!

Chantal levou alguns dias para recuperar a sua maneira normal de andar, por causa de seus músculos atrofiados. Algumas semanas mais tarde, ela dançava no casamento da irmã, e três meses depois conseguia sem problemas passar no exame de condução de carro.

Cura e crescimento da fé

Mas a noção da fé intervém de outra maneira na oração pelos doentes, desta vez do lado daquele que recebe uma graça de cura. Esta última convida sempre a um crescimento na fé, segundo modalidades e um procedimento muito variável. Parece que o Senhor tem necessidade da fé da pessoa curada para poder ir até o fim da graça concedida. Esse resultado encontra-se, de fato, na noção da verdadeira cura evocada acima.

Deus não tem necessidade da fé prévia do doente para realizar nele um sinal de cura, mas, em compensação, um certo crescimento de fé é necessário para levá-lo ao caminho da verdadeira cura.

Encontrei Ana em fevereiro de 1995, no fim de uma celebração eucarística. Nunca a tinha visto antes, mas seu olhar triste me intrigava, e durante a missa eu pensei que era absolutamente necessário que a abordasse; e foi o que fiz. Acompanhada de seu marido, ela saía da capela quando eu fiquei na frente dela, fixando meu olhar sobre ela com simpatia. Foi preciso fazer um pequeno esforço pois, surpresa, o seu rosto estava cheio de pequenos furúnculos pouco estéticos. Não tinha observado isso durante a celebração por causa da distância e confesso que foi sobretudo o olhar dela que me havia interpelado.

Ela virou o rosto, incomodada, enquanto eu a cumprimentava, bem como a seu marido, João Cláudio, e eu os levei para um lugar separado, preocupado com a discrição. Educadamente, perguntei a Ana o que havia de errado. Após hesitação, ela me contou em poucas palavras a sua aflição: casada fazia quatro anos com o homem que ela amava muito, foi declarada medicamente estéril por causa de uma doença incapacitadora, com sintomas ingratos (os furúnculos no rosto e no corpo todo), o que a tornava amarga e muito negativa para com ela mesma. Nenhum tratamento funcionava e ela estava desesperada.

"Você acha que o Senhor pode fazer alguma coisa por você?"

"Não creio mais, faz muito tempo que espero sem que nada aconteça. Sou cada vez mais difícil para o João Cláudio, sou uma verdadeira peste."

"Bom! Quer rezar durante alguns instantes? De minha parte, creio que Deus não quer deixar a senhora nesse estado."

"Se o senhor quiser... Mas vamos depressa, estou com frio!"

O acolhimento não era muito animador, mas era preciso não perder a compostura. Rezamos durante alguns minutos. Eu tinha uma espécie de convicção interior de que o Senhor queria aquela oração. Depois de dez minutos, Ana suspirava de impaciência; eu estava tentado a considerá-la, de fato, uma peste. Sobretudo, nada acontecera.

Despedi-a com uma palavra de consolação: "Creio que alguma coisa vai mudar em você; fique atenta e permaneça em oração. Se notar uma evolução, telefone-me em seguida, é muito importante! De minha parte, continuarei a rezar cada dia por você". Eu realmente tinha medo de que Ana esquecesse nosso encontro e continuasse no seu desassossego.

Três dias mais tarde recebi um telefonema: "Senhor Madre, o seu truque funcionou! Não tenho mais nenhum botão no meu corpo, é super. João Cláudio e eu estamos muito felizes!".

"Primeiro, querida Ana, não é 'meu truque'. Jesus mostra que ama você. Agora, espero que ouse acreditar na vinda de um bebê."

"Oh, o senhor não pensa que isso possa ir até lá... Seria bom demais!"

Eu precisava zangar-me, mas contentei-me em responder: "Tenha fé em Deus! Ele começou alguma coisa em você; vai continuar. Reze todo dia um instante com o seu marido e me avise quando estiver grávida". Desliguei o telefone prometendo que rezaria também, em agradecimento.

Alguns meses mais tarde, outro telefonema de Ana, em lágrimas e muito agressiva: "O seu Bom Deus zombou de mim! Eu estava grávida e acabo de abortar".

"Ana, compreendo o seu sofrimento. Um aborto é um acontecimento doloroso, sobretudo na sua situação. Mas isso quer dizer, também, que a senhora estava grávida, portanto curada de sua esterilidade."

"Sim, mas por que ele permitiu isso?"

"Não sei o porquê, mas o que posso dizer é que você ainda tem progressos a fazer na confiança em Deus. Ele mostra que se preocupa com você e, porque as coisas não vão como você gostaria, você se revolta contra ele. Você não acha que ele espera outra coisa de você?"

Grande silêncio do outro lado. Reiterei a Ana a minha promessa de rezar cada dia por ela e pedi que me telefonasse quando estivesse grávida de novo.

Tive de esperar pacientemente por seis meses antes de ter notícias dela. Radiante, ela exclamou: "Aconteceu, estou grávida de quatorze semanas e tudo está bem. Se você soubesse como estamos felizes... Diga-me como João Cláudio e eu poderíamos conhecer melhor o Bom Deus.".

Mais tarde, ela deu à luz um menino e, um ano mais tarde, um segundo. Através daquela graça de cura toda a vida do casal foi transformada, enraizada numa vida de oração e empenhada em atividades diocesanas importantes. O sinal de cura abria-se à verdadeira cura (não terminada ainda, é claro), baseada num nítido crescimento na fé. Para Ana e João Cláudio — como para todos os outros — Deus tinha curado para "atrair a uma fé ativa".

11

Por que Deus faz esperar?

O DEUS DE CINCO PARA MEIO-DIA

Celina é casada há oito anos e deu à luz um menino, Davi, com plena saúde. Mas pouco tempo depois do nascimento de Davi, uma doença séria, chamada de poliartrite reumatóide, atacou Celina, deformando seus quadris e seus joelhos, causando crises dolorosas agudas e impedindo-a também de andar. Acompanhada pelos médicos, ela está reduzida a deslocar-se com a ajuda de muletas, num movimento de descadeiramento muito incapacitador. Ela tem a impressão de que a metade inferior de seu corpo é apenas dor. Num tal estado de saúde, nem pensar num segundo filho. Seu marido está desolado tanto pela situação da doença de sua mulher como por essa impossibilidade de ter outro filho.

Com João, seu marido, ela me aborda pela primeira vez no fim de uma oração pelos doentes numa paróquia de Toulouse, implorando que rezemos juntos.

"Mas nós acabamos de ter uma celebração de duas horas, a senhora não acha que já rezamos pela senhora?", respondi o mais delicadamente possível.

Sempre achei curioso que as pessoas insistam para que se reze de novo por elas, individualmente, como se uma celebração pelos doentes não lhes dissesse respeito pessoalmente. Mas depois de algum tempo compreendi que era preferível resignar-me a admitir, sabendo que essa expectativa não é muito legítima, mas que um excesso de sofrimento a torna plenamente compreensível.

"Por favor, só alguns instantes."

Como recusar? Rezamos alguns instantes e Celina foi embora, contente e ainda doente!

Dois meses mais tarde, com o marido, num sábado à tarde, ela estava na oração de cura da Communauté des Béatitudes de Cordes. Novamente, ela pediu a oração, sem resultado aparente.

Circunstâncias análogas se reproduziram várias vezes, deixando-a cada vez mais um tanto desolada por não ser visitada pelo Senhor. Sua doença não cessava de agravar-se e a incapacidade tornava-se cada vez mais pesada e dolorosa.

Seis meses mais tarde, novamente em Cordes, ela me abordou com insistência pedindo um tempo de oração. Não sei se é preciso admirar uma tal perseverança ou ficar irritado, mas concordei, diante das lágrimas que corriam de seus olhos e que pareciam sinceras. Durante aquela breve intercessão, sensações estranhas e totalmente incomuns ocorriam em sua bacia e na coluna vertebral. Foi a primeira vez, quando numerosas orações já tinham sido feitas por Celina. Intrigado, levei-a a um lugar à parte com seu marido, onde pudéssemos prolongar nossa oração discretamente. O ímpeto de fé era muito mais claro que anteriormente em Celina e ela sentia a sensação curiosa de que o seu corpo se "desatava". Dez minutos mais tarde, ela pôde andar mais facilmente, com o apoio de uma só muleta, e o descadeiramento era bem mais fraco do que antes. Eu a deixei exortando-a a confiar e sugeri que movesse o seu corpo sem medo e na oração, com a ajuda de seu marido, porque Deus parecia ter começado a curar.

Um mês mais tarde, foi uma Celina totalmente transformada que veio visitar-me, andando sozinha, sem apoio, sem dor, sorridente. Os médicos acabavam de confirmar a sua cura, não apenas de sua poliartrite (os exames de sangue, antes alarmantes, tinham-se tornado normais), mas também das complicações resultantes da doença. Cheia de um novo dinamismo, sorridente e alegre, desejando dar testemunho, Celina retomara uma vida normal e pensava numa nova gravidez proximamente. Ela me deixou com uma pergunta para a qual não tive resposta pertinente no momento:

"Diga-me... O senhor rezou por mim muitas vezes, e outros também rezaram por mim. Quanto às orações que fizeram por mim, sou agradecida, mas por que o Bom Deus só me curou agora? Podia tê-lo feito na primeira vez. Diria que ele se divertiu fazendo-me debater com a minha doença antes de curar-me. Meio sorrindo, meu marido me disse que o Senhor talvez seja um pouco sádico. Isso me chocou, é verdade, no entanto, por que ele me fez esperar tanto tempo? Ele faz isso com todos aqueles que ele tem a intenção de curar?"

É verdade que o nosso Deus é muitas vezes o "Deus de cinco para meio-dia": sua obra de cura, quando se torna efetiva, parece operar-se com lentidão ou atraso, até no derradeiro momento, justamente antes de vir o desespero.

Por que, Senhor?

Tantos crentes querem pôr em ti a sua confiança e afundam na decepção quando usas para com eles uma tal atitude.

Uma tal constatação pode suscitar a esperança, se ousarmos crer que nunca é tarde demais para esperar de Deus uma graça de consolação. Mas é suficiente para explicar e tornar aceitável esse aparente atraso de Deus em visitar o seu povo?

Uma afirmação de fé deveria tranqüilizar-nos fundamentalmente. Deus escuta toda oração feita com confiança e sinceridade de coração. No entanto esse atendimento nem sempre é feito segundo nossas próprias representações daquilo que "deveria ser". Se por acaso Deus faz esperar, é porque, na sua Providência, deve ter algum bom motivo. Qual?

Um primeiro elemento de resposta consiste em lembrar que se exige a fé da pessoa ou daquele(s) que a leva(m) ao Senhor, num grau que ignoramos sempre. Entretanto a sabedoria divina conhece esse "nível necessário de fé" e se serve dos acontecimentos para que uma educação para um "mais" autêntico de fé seja vivido. Esperamos impacientemente a graça de cura, mas de fato é o Senhor quem espera que estejamos na capacidade de acolhê-la pela fé, daí uma impressão de incoerência, até de anarquia, na pedagogia divina. Ainda não compreendemos que Deus não cura o ser humano sem o ser humano. Uma tal maneira divina de fazer é certamente experimentada como inconfortável, até revoltante por alguns. Na verdade, porém, em relação a Deus, há outra?

Durante uma celebração de oração pelos doentes em Loyola (Espanha), em junho de 2001, ressoou uma palavra de cura (também chamada palavra de conhecimento imediato), anunciando a cura interior de um homem de 67 anos que sofria de uma angústia de culpa terrível e permanente fazia quatro anos, ligada à convicção de ser responsável pela morte de sua mulher. Francis reconheceu-se plenamente naquela palavra: havia quatro anos, sua mulher, acometida de um câncer metastasiado no seio, suplicara que a levasse em peregrinação a Lourdes no dia 15 de agosto, pois ela sentia que a Virgem Maria queria visitá-la. Francis não tinha vontade nenhuma, tendo dificuldade de crer que a vida de sua esposa estava em perigo. Ele se esquivou simulando um cansaço e respondeu: "Iremos no ano que vem, será bastante cedo!". Sua mulher se resignou... e se juntou ao Senhor três dias mais tarde.

Corroído pelo remorso, Francis nunca se perdoou. Pensava sempre que era culpado pela morte da mulher.

"Se eu a tivesse levado a Lourdes, ela talvez estivesse viva hoje! Por culpa minha é que ela morreu!"

Francis tinha recorrido muito a padres ou conselheiros espirituais para tentar pacificar aquele sentimento de culpa, mas em vão. Várias vezes ele recorrera à oração de intercessão, mas Deus parecia negligenciá-lo, o que só fazia aumentar-lhe a angústia: ele matara a esposa ao não levá-la a Lourdes no dia 15 de agosto. Toda a sua existência tornou-se absurda e, se não tivesse fé, provavelmente teria cometido suicídio. Com um tal fardo de culpa ele, de fato, não podia viver verdadeiramente, apenas sobreviver. A sua súplica a Deus era infrutífera: a cura do coração, espécie de paz que ele pedia ao seu Senhor, não vinha.

Eu dava, em Loyola, uma conferência sobre a justiça e a misericórdia de Deus, e Francis estava lá, atento, mas atormentado por aquilo que ele pensava ser falta sua. No entanto esperava, sempre, ser libertado daquele inferno interior. Ao ouvir a palavra de cura durante a oração que seguiu ao ensinamento, sentindo uma libertação profunda, como se uma chapa de chumbo desaparecesse, ele soube que a cura interior estava perto. Alguns minutos mais tarde, todo o seu horizonte de vida se modificara. A paz estava lá e a lembrança de sua mulher, mesmo dolorosa, não o mergulhava mais numa angústia mórbida. Sentia-se, ao mesmo tempo, perdoado e curado.

Deus o fizera esperar com paciência, conduzindo-o por um caminho de confiança maior sem que ele percebesse. Entre a primeira intercessão e o acontecimento daquele dia, quanto caminho percorrido na fé! Deus não o tinha esquecido, tinha feito com que ele crescesse.

Muitas histórias de cura se parecem com a de Francis. Mas quantos aceitam não desanimar, viver uma escolha totalmente espiritual de confiança em Deus? Se alguns — doentes ou intercessores — se recusam a perseverar em deixar-se educar assim, a cura poderia germinar?

A ESPERANÇA NEM SEMPRE É VERDADEIRA ESPERANÇA

Esta primeira reflexão está longe de explicar tudo e um outro elemento pode esclarecer. Em muitas situações, o Senhor começa a curar e nós não o vemos, porque nossa espera está voltada para uma outra direção. Olhamos para onde desejaríamos que ele agisse, ao passo que ele desenvolve, já, a sua ação num outro domínio de nossa existência, e nossos olhos estão como que impedidos de reconhecê-lo. Às vezes, nós nos apegamos, custe o que custar, a uma cura precisa, para nós mesmos ou para um próximo, e não sabemos discernir os sinais da ação divina sob uma outra modalidade. É quase uma política de avestruz diante da obra de misericórdia do Senhor. Como, neste caso, acolher o dom de Deus?

Esse tipo de confusão lamentável entre cura interior e cura física é encontrado freqüentemente. Muitas pessoas, doentes nos seus corpos, esperam de Deus um alívio físico e não o vêem ser produzido. Em compensação, podem receber uma graça de cura interior, mais preciosa que uma cura física, e deixá-la totalmente escapar por falta de reconhecê-la e apossar-se dela.

Helena, 32 anos, tinha um comportamento pré-esquizofrênico. Pelo menos esta era a opinião dos psiquiatras. Ela odiava muito o pai, que a tinha traumatizado durante anos, na sua infância, prendendo-a no escuro toda noite e privando-a de alimento. Ela se tornou uma adulta incoerente, isolando-se em si mesma, passando por fases de agressividade séria, muito instável, e não conseguia manter um emprego por mais de quinze dias. Inquieta havia pouco tempo, por causa de um tumor doloroso que não se sabia se era benigno ou maligno, ela foi a uma oração pelos doentes em Cordes, esperando receber um sinal de cura física. Ela dizia mesmo que, se conseguisse o sinal, ela voltaria à Igreja (que ela abandonara desde a adolescência).

Durante toda a oração, ela mantinha a mão sobre o peito, tentando sentir-se o máximo possível. Mas nada evocava uma melhora. O tumor não mudava, a dor tampouco. No entanto ela tentava rezar com fervor. Mas no final de duas horas, mais ou menos, constatando que nenhum alívio físico ocorria, ela foi embora, revoltada.

Foi só na manhã seguinte que ela tomou consciência de que o ódio para com o pai, que não a abandonava desde a infância e suscitava comportamentos às vezes aberrantes, desaparecera totalmente. Foi o choque da surpresa. Deus curara o seu coração, não o seu corpo, e isso lhe parecia agora muito mais importante!

Em duas semanas, sua existência mudou completamente e seus traços de comportamento pré-esquizofrênico sumiram sem dificuldade. Ela se tornou outra mulher e, além disso, o tumor foi diagnosticado como benigno, acessível a um tratamento eficaz.

Helena não viu Deus começar a agir lá onde realizou sua obra de misericórdia!

A confusão existe também no intercessor que vem rezar por um de seus próximos e se "concentra" de tal maneira na sua intenção, que não vê que a graça de cura está tocando a ele mesmo.

Camila, 69 anos, é mãe e avó. Com mal de Parkinson, que provoca tremores dolorosos em seu braço esquerdo, que a deixa inválida a tanto, ela não tem cura. No dia 2 de agosto de 2000, ela foi a uma grande assembléia para os doentes perto de Nimes, porque decidiu pedir uma graça particular ao Senhor: a da reconciliação de seu filho com sua nora, pois o casal estava à beira do divórcio, e os filhos sofriam terrivelmente com a situação.

Ela rezou com fervor pela cura do casal e da família. Ao me aproximar dela, movido pela intensidade de sua intercessão, perguntei pelo motivo, a fim de associar-me a ele.

"É por meu filho, que está para separar-se de sua mulher. Peço que o Senhor o reconduza ao caminho de seu casamento e da fidelidade em sua união."

"Mas a senhora mesma parece sofrer do braço, não é?"

"Sim, mas isto não é importante! É meu filho que conta."

Rezamos juntos em silêncio, pedindo que a vontade de Deus fosse feita para aquela família. Alguns minutos depois eu lhe perguntei:

"A senhora não tem a impressão de que seu braço se agita menos?"

"Não sei, isto não me interessa!"

A oração se prolongou, enquanto o sacramento dos enfermos foi dado pelos padres àqueles que podiam recebê-lo.

"Eu lhe asseguro, insisti, que o seu braço parece estar tranqüilo."

"Me deixe em paz, repito que vim por outra coisa!"

"Sem dúvida, mas se o Senhor alivia a senhora de seu mal de Parkinson, talvez seja a maneira de ele atendê-la. Acolher a sua própria cura será, certamente, importante para o futuro de seus filhos."

"O senhor acredita?"

"Que você perderia por viver assim?"

Camila olhou o braço e descobriu espantada que não sofria mais de tremores.

"Talvez seja uma calma passageira", comentou.

"Não se trata disso! Se Cristo quer tocar a senhora agora no seu corpo, a senhora deve segurá-lo pela fé".

"Mas, e meu filho?"

"Espere alguns dias para verificar se a cura é real, vá ver o seu médico se for preciso. Depois vá contar isso a seu filho, você verá."

Algumas semanas mais tarde, recebo uma carta de Camila explicando que, tendo sido confirmada a cura, ela testemunhara ao seu filho, quando veio rezar por ele. Ele havia ficado perturbado, mesmo se a sua rejeição de Deus permanecesse. Foi isso que propiciou que ele decidisse reencontrar a esposa e caminhasse com ela de uma maneira nova no casamento.

Hoje, o casal está "salvo", mas o que teria acontecido se Camila não tivesse dado atenção à sua própria cura, a qual constituía manifestamente (embora numa leitura *a posteriori*) o elo decisivo da cura de toda a família?

Nem toda história de cura "fora de um projeto humanamente previsto" é tão feliz, sem dúvida, no seu desenrolar. Assim, às vezes, parece que o Senhor cura "anarquicamente": quer dizer, sem relação com a nossa intenção, e os frutos nem sempre se estendem ao lugar ou à pessoa que desejamos inicialmente ver curada. No entanto sempre há — é preciso crer nisso — uma perspectiva da sabedoria divina, que faz a ligação entre cura desejada e cura efetivamente obtida, uma ligação que, às vezes, levamos anos para perceber.

Deus dá a impressão de fazer esperar, e o Evangelho nos fornece alguns exemplos impressionantes disso, especialmente o da ressurreição de Lázaro (cf. Jo 11), em que a atitude de Cristo surpreende. De fato, Jesus amava Lázaro, nos é dito com precisão. Os evangelhos não se dão ao trabalho de esclarecer sobre o amor de Jesus por todos aqueles e aquelas que ele curou. Mas nessa história uma tal informação nos faz pressentir que, além de uma contradição aparente, nos é dada uma lição de sabedoria.

A ressurreição de Lázaro, parábola da "demora de Deus"

Por que Jesus, ao saber que seu amigo Lázaro está muito mal, não se apressa em ir curá-lo, como fez em numerosas outras circunstâncias análogas?

Ele mesmo nos dá a resposta: "Esta doença não causará a morte mas se destina à glória de Deus". E fica onde está, sem precipitar-se em socorro de Lázaro e de suas irmãs Marta e Maria.

Não é doença mortal? Que isto quer dizer? Lázaro está bem morto quando Jesus chega ao local, alguns dias após o falecimento.

É para a glória de Deus! É em referência à amplidão do prodígio que vai realizar? Uma ressurreição de modo algum é algo corriqueiro, mesmo da parte de Jesus! O Evangelho nos relata apenas três, e em circunstâncias muito diversas.

A glória de Deus está na ressurreição de Lázaro ou em outra coisa? É verdade, esta ressurreição destaca a questão da glória manifestada através do comportamento de Jesus e seus frutos. Mas a glória está sobretudo ligada ao testemunho de que o Pai atende sempre a Jesus, e é com esse fim que Cristo faz subir para seu Pai essa magnífica oração de confiança filial que perturba os corações das pessoas em volta. E Jesus ordena a Lázaro que saia — vivo — do túmulo. O Pai não recusa nada ao seu único Filho, Cristo, e prova-o ressuscitando Lázaro em testemunho do poder confiante da oração de Jesus.

Por isto a doença de Lázaro era para a glória de Deus, pois mesmo se ela resultou — por um tempo — na morte física, Cristo, por sua oração filial, sua confiança filial, vence a morte, no coração de uma circunstância em que a glória de Deus será manifestada, quer dizer: oferecida em testemunho às pessoas em volta e, por repercussão, a toda a região circundante.

O Evangelho nos esclarece um pouco mais tarde que é por causa (entre outras causas) de Lázaro ressuscitado que as autoridades judias decidirão mandar matar Jesus, ilustração significativa desse combate das trevas contra todos os lugares ou circunstâncias nos quais a glória de Deus pretende manifestar-se.

Neste sentido, a história de Henriqueta é significativa. Acometida de um câncer do útero, que se espalhou ao fígado e ao pulmão, Henriqueta estava condenada pela medicina. Tinha apenas algumas semanas de vida. Ela assistiu a uma assembléia de oração pelos doentes que se realizou em Saint-Denis, Ilha da Reunião, em janeiro de 2000, onde vários milhares de pessoas se agruparam em torno do Cristo ressuscitado levado em procissão eucarística. Admirada com os numerosos testemunhos de cura física ou interior ouvidos, ela aspirava legitimamente ao seu próprio alívio, tanto mais porque acabava de saber do prognóstico muito sombrio dos médicos. Se Deus não interviesse, ela não teria muito tempo de vida.

Naquela época eu não a conhecia e sequer notara a sua presença. Ela estava lá cercada por alguns membros de sua família.

Um ano mais tarde, por ocasião de uma nova missão na Ilha da Reunião, para a qual haviam pedido que eu animasse uma oração pelos doentes, diante de uma multidão impressionante, vi uma mulher — era Henriqueta — subir ao palanque e aproximar-se do microfone, antes mesmo de começar a celebração e de as pessoas se colocarem em seus lugares.

"Queridos irmãos e irmãs, quero agradecer ao Senhor pela maravilha de amor que realizou para mim nos últimos tempos. Eu estava na celebração pelos doentes no ano passado. Naquela época eu sofria de um câncer em fase terminal e não tinha mais nenhuma força. Tinha medo de morrer. Durante a oração de cura, não senti nada de particular e fui para casa depois, decepcionada por não ter sido tocada pelo Senhor, pelo menos era o que eu acreditava.

Progressivamente, nas semanas seguintes, senti-me mais forte e as dores diminuíram; mas o câncer parecia estar sempre lá. Os médicos me disseram que eu estava num estado estacionário e que os tratamentos não serviriam de nada. Era melhor esperar. Então esperei, sem pensar que estava curando-me. Gostava de rezar todo dia, e uma paz se instalou lentamente em mim.

Faz apenas alguns meses que os médicos notaram que os sinais do câncer ficaram mais fracos. Eles não compreenderam e quiseram fazer de novo todos os exames. Isso levou tempo, e hoje mesmo de manhã tinha consulta marcada para que eles me dissessem como estou. E hoje de manhã me disseram que não havia mais nenhum sinal de câncer no meu corpo e que não compreendiam o porquê. Estou curada, e é justamente hoje, quando começamos uma oração pelos doentes, que recebi a confirmação e queria que vocês fossem os primeiros a saber. Estou muito alegre e desejo que vocês todos também estejam. Rezei com toda a minha família pela minha cura, Deus me fez esperar, mas ele queria sem dúvida alguma que a Boa-Nova me fosse dada hoje para que eu pudesse fazer com que vocês aproveitassem dela agora."

Foi um grande momento de alegria, ligada à coincidência impressionante dos acontecimentos. Um desses tempos em que o céu parece abrir-se para deixar escapar alguns raios da glória divina. Não é necessário dizer que as graças derramadas naquele dia foram abundantes, sinais de cura (messiânicas ou não), sinais do amor de Deus a todos.

E MAIS MISTERIOSAMENTE AINDA...

Todavia, estas poucas considerações não explicam toda essa misteriosa pedagogia de um Deus que, segundo a nossa percepção humana, faz muitas vezes esperar, às vezes até o limite do suportável. Ele é, de fato, o "Deus de cinco para meio-dia" e até o "Deus de depois do meio-dia". Chegamos, então, aos confins de uma esperança inacessível aos nossos projetos puramente humanos.

O testemunho de Maria Helena é, nesta perspectiva, muito comovente. Com 34 anos, Maria Helena estava totalmente paralisada das duas pernas devido a uma esclerose em placas muito avançada. Ela viera para uma grande reunião carismática em Hull, Canadá, durante a qual me pediram um tempo de exortação seguido de uma oração de cura em colaboração com um padre de Quebec muito conhecido na América do Norte. Mais uma vez, o Senhor visitara o seu povo, e belos sinais de cura ocorreram, diante das câmeras de televisão, cuja presença, aliás, ninguém desejava.

Eu já tinha muita experiência de quanto é necessário livrar-se de todo contexto exterior para uma oração pelos doentes, a fim de ocupar-se só com o que a misericórdia divina quer suscitar no momento na assembléia. Isso depende da atenção à presença de Cristo no meio de uma multidão, a qual relativiza toda forma possível de distrações ou de obstáculos. As câmeras podem ser uma forma importante de distração ou de indiscrição durante esse tipo de celebração, mas quando são impostas convém livrar-se delas para permanecer livre para acolher os dons de Deus.

A oração pelos doentes terminara. A multidão deixava o estádio lentamente, ruidosamente, alegremente. Vários de nós tínhamo-nos "refugiado" nos vestiários para descansar um pouco antes de ir embora. Os empregados já recolhiam as milhares de cadeiras colocadas no estádio para a ocasião.

Resolvi sair pelo estádio, a fim de observá-lo por alguns instantes, triste e vazio. Uma hora antes, ele vibrava sob a intensidade dos cânticos de louvor de todo um povo.

Ao longe, quase do lado oposto, notei uma pessoa em cadeira de rodas, sozinha. Intrigado, fui na direção dela. Era Maria Helena, sozinha, chorando.

"Você não tem ninguém para acompanhá-la?"

"Eu esperei tanto que Jesus fizesse alguma coisa por mim hoje. Não sei mais que fazer. Quis ficar ainda um pouco, mesmo que todo mundo tivesse ido embora, a gente nunca sabe."

"Você não sentiu nada durante a oração?"

"Fiquei impressionada com o louvor de todo esse povo. É a primeira vez que vejo cristãos tão alegres e contentes por ter fé."

"E você tem fé?"

"Não sei, sim, acho que sim, mas já não sei o que pensar."

O contexto era um pouco surrealista. Um estádio vazio, cheio de lixo; uma mulher sozinha, paralisada, e eu, comovido com a sua história, mas esgotado por causa de quatro horas de oração de cura, e esperado por uma dúzia de bispos e de padres que deviam começar a impacientar-se.

"Escute, disse eu, já rezamos muito nesta tarde, mas vamos rezar ainda juntos mais alguns minutos para pedir ao Senhor o que ele quer para você. Mas eu não sei o que ele quer. Então, a gente simplesmente confia a ele a sua situação, concorda?"

"Ah, sim, muito obrigada!"

A oração durou mais tempo do que eu anunciara, pois forças novas brotaram nas pernas dela. Tomei-a pela mão, sem a puxar, porém, pedindo que ela ousasse levantar-se. Isso me lembrava a cura do paralítico da Porta Formosa, no livro dos Atos dos Apóstolos (3,10). Ela se ergueu sobre suas pernas, inquieta mas confiante, e se pôs a andar. Por um pouco, aproveitando a nossa presença num estádio olímpico, eu não pedi que ela corresse cem metros, mas isso era evidentemente prematuro. Hoje, ela poderia fazê-lo sem problema. Jesus a curou inteiramente após a oração pelos doentes! Quando os amigos de Maria Helena vieram procurá-la, grande foi a sua surpresa. Tiveram apenas de dobrar a cadeira de rodas, agora sem serventia, enquanto ela deixava o estádio com suas pernas, e cheia de alegria.

Quando se trata dos sinais de cura, nosso Deus não se deixa prender nos limites horários ou outros. Ele é o Deus de cinco para meio-dia, de um para meio-dia, de depois do meio-dia. Em suma: sempre é tempo de esperar nele.

12

Que é uma "palavra de cura"?

Ainda que a expressão não pareça muito apropriada, muitos não hesitam em utilizá-la, porque não conhecem o sentido profundo do carisma da cura. Esta expressão tem o temível inconveniente de apresentar uma graça específica que pertence ao domínio profético como uma atitude mágica.

Um agir carismático profético

Diversos testemunhos citados nos capítulos precedentes "puseram em cena" a palavra profética de cura, anunciando uma graça "terapêutica" que o Senhor estava (portanto, nesse momento) concedendo a uma ou várias pessoas precisas. Apesar das aparências, essa palavra dita de cura não se verifica de maneira alguma mágica. Por ela mesma não produz o efeito que proclama. A sua função, no leque dos carismas, é a interpelação pessoal.

Trata-se de uma espécie de profecia simples, orientada para o acolhimento, no presente, de uma graça de Deus. O profeta não pertence a uma raça à parte, que só existia no Antigo Testamento e no começo da história da Igreja. O batismo faz de cada um de nós um profeta potencial (e mais precisamente, segundo a fórmula da Igreja, sacerdote, profeta e rei). É preciso haver um entendimento sobre a noção de profecia e saber livrar-se dos clichês incrustados em nossas mentalidades. Ademais, convém reconhecer que a função profética nunca esteve ausente da Igreja ao longo de toda a sua história, até hoje.

Classicamente, um profeta é uma pessoa que fala em nome de Deus sob o efeito de uma inspiração mais ou menos ocasional. Falar em nome de Deus não significa revelar o futuro. Profecia não é adivinhação, muito pelo contrário.

Falar em nome de Deus, no poder do Espírito Santo, é uma ação de ordem carismática. Assim, são reveladas ou anunciadas as realidades presentes ou, talvez, futuras que a maioria das pessoas circundantes não sabem, ou não sabem ainda, ver "com os olhos da fé". No entanto essa revelação parcial e fugidia de perspectivas desconhecidas é apenas instrumental e "periférica" de uma tal manifestação do Espírito. O fim buscado por esta estratégia divina é a tomada de consciência, do lado do ser humano, de que uma vida deve ser mudada, saneada ou orientada diferentemente, a fim de melhor corresponder à expectativa de Deus e, talvez, evitar certos desgostos ulteriores possíveis ligados a alguma desordem flagrante (ou pior).

A palavra de cura está dentro de tal dimensão, entre outras formas de expressão profética. Ela toma um nome mais preciso e mais apropriado de carisma de conhecimento, ou palavra de conhecimento imediato. Enquanto carisma, ela repousa sobre alguns dos critérios expostos acima e pode ser exercida simplesmente (após discernimento e confirmação) no contexto de um grupo de oração, de uma grande assembléia, ou mesmo de um encontro informal, como sugere o testemunho seguinte.[1] É necessário dizer com precisão que aquele que recebe essa palavra de conhecimento imediato ignora tudo acerca da pessoa à qual se refere.

---

[1] Já citado em *Le charisme de connaissance*, Éditions des Béatitudes, maio/1995, coleção Petits Tratiés Spirituels.

Padre João M., confirmado neste tipo de carisma havia muito tempo, deu, certo dia, carona a uma jovem aparentemente desamparada, mas que recusava qualquer diálogo. Tomado de uma espécie de piedade profunda, e diante do mutismo notável dela, decidiu interceder por ela em seu coração, enquanto continuava a conduzir o carro.

Uma hora mais tarde, percebeu em si mesmo uma palavra de conhecimento imediato e arriscou abrir a boca: "A sua angústia não viria do fato de você ter praticado o espiritismo há vários anos e recentemente ter entrado para uma seita da Rosacruz?".

Declaração audaciosa! Era preciso ousar, sobretudo ao volante de um carro!

"Como o senhor sabe isso?", gritou ela completamente estupefata.

O padre começou a falar-lhe de Jesus. O diálogo se abrira, assim como o coração da mulher. A revelação passageira de uma "ponta de luz sobre ela mesma" tinha aprofundado um desejo de verdade e de conhecimento de Deus. A discussão terminou num confessionário, de onde nossa caronista saiu radiante e libertada de toda angústia.

Pelo exercício totalmente imprevisto desse carisma de conhecimento, padre João permitira que o Espírito Santo interpelasse o coração da jovem claramente aflita.

É assim que a oração de conhecimento imediato se encontra, às vezes, a serviço da oração de cura, seja física, psíquica ou espiritual. Por ela é anunciado profeticamente o que a graça de Deus já está operando. A palavra de conhecimento imediato evita, assim, o "esbanjamento" da graça e favorece a acolhida desta última. Não esqueçamos que o Senhor nunca cura o ser humano sem o ser humano e que uma graça de cura, embora já concedida, pode não ser acolhida e, portanto, não dar nenhum fruto sensível de alívio.

A palavra de conhecimento imediato favorece a tomada de consciência de um encontro pessoal com o Senhor; por isso ela contém, o mais das vezes, precisões concretas que permitem que a pessoa em questão se reconheça e possa dizer: "No momento, trata-se de mim!".

CARISMA DE CONHECIMENTO E MINISTÉRIO DA CURA

De modo diferente da palavra de fé (ou carisma de fé já evocado), animada pela convicção de uma ação da graça, sem precisão de contexto ou de sentido, a palavra de conhecimento imediato anuncia o que o Senhor gostaria de fazer exatamente a uma pessoa, a qual é, pela própria dinâmica dessa palavra, convidada a reconhecer-se. É uma maneira muito especial de estar integrado no exercício de um ministério de cura. Constitui uma espécie de fator desencadeador de uma cura que não é somente aquela que foi profetizada, como nos sugere o relato que segue.

Durante um retiro que eu animava em Libreville, no Gabão, sobre o tema da cura interior, um dos animadores recebeu, durante o tempo de oração, uma palavra de conhecimento particular: "O Senhor liberta um homem de uma angústia profunda ligada ao fato de que, com a idade de 23 anos, ele quase se afogou. Ele é convidado a entrar com uma confiança renovada no amor de Deus por ele". As determinações proféticas revelaram-se autênticas: um homem estava, de fato, na assistência, desconhecido de todos, mas realmente angustiado havia muito tempo e tendo escapado da hidrocução por pouco, quando tinha 23 anos. Ao ouvir essa palavra inspirada, como podia não reconhecer-se? Avançou então até o altar, num ato de confiança em Deus, tendo a sua angústia desaparecido totalmente.

Todavia a história não pára aí. Na noite seguinte, ele despertou no meio da noite, novamente angustiado, mas de outra maneira, bastante indefinível. Ele me procurou na manhã seguinte, inquieto com o fenômeno. Mas o tempo de oração e de diálogo que tivemos junto fez com que ele tomasse consciência de uma problemática profunda e inesperada e até então ignorada: ele era habitado por um ódio violento em relação à própria mãe. A palavra de conhecimento imediato não lhe tinha revelado nada. Mas sem perceber ainda, ele entrava numa outra etapa da cura interior.

Num primeiro momento, nosso homem negou, apesar da evidência, pois ele venerava a mãe, falecida havia alguns anos. No entanto um acontecimento veio-lhe à memória, como um relâmpago: quando tinha uns oito anos, surpreendera a mãe em flagrante delito de adultério. Desde então, ele a odiava no seu coração de criança (que nunca se perde totalmente, sobretudo quando se está ferido!), ao mesmo tempo que a venerava.

Então, ele compreendeu que devia aprender a perdoar a mãe (mesmo falecida), o que pôde fazer facilmente, e a nova angústia desapareceu definitivamente em alguns dias.

A palavra de conhecimento imediato abrira um caminho de cura interior e interpelara aquele homem a colaborar com ela.

Não me canso de insistir na capacidade de interpelação do carisma de conhecimento, favorecendo, assim, a abertura do coração à misericórdia divina e à "cura-conversão" de um aspecto da existência.

PALAVRA DE CONHECIMENTO IMEDIATO E RECONCILIAÇÃO

Um novo fato nos esclarecerá mais ainda sobre o campo de ação possível da palavra de conhecimento imediato no contexto de um ministério de cura.

Um bispo francês, num certo sábado à tarde, fez uma visita à Communauté des Béatitudes de Cordes, justamente na data do ofício de oração pelos doentes. Ele ignorava o ofício, e nós lhe propusemos que assistisse a ele e, se desejasse, confessasse as pessoas que o quisessem, pois faltava padres (eram cinco) para um grupo tão numeroso.

"Concordo em orar com vocês e confessar, disse-nos ele, mas não vejo muito interesse nos seus 'truques carismáticos', sobretudo nesse tal de carisma do conhecimento. Francamente, não creio muito nisso e sempre temo uma pressão sobre as pessoas."

Nossa resposta foi diretamente inspirada no Evangelho: "Excelência, venha e veja por si mesmo".

Curiosamente, houve naquela tarde um grande número de palavras de conhecimento imediato, quando, de fato, não há necessidade disso para o desenrolar de uma oração pelos doentes. Os padres e o bispo atenderam confissões durante horas seguidas. Os sinais de cura dados pela Providência divina foram numerosos e muitas pessoas foram renovadas na sua fé cristã.

Mais tarde, o bispo juntou-se a nós, muito emocionado:

"Escutem, nós o testemunhamos, não compreendo grande coisa dessa história de carisma de conhecimento, mas estou certo de um ponto: Deus tem algo a ver com isso! Nunca, em toda a minha vida de sacerdote, atendi a confissões de tal qualidade. É verdadeiramente um carisma que ajuda a entrar na Igreja. Muitos daqueles que experimentaram o sacramento da reconciliação foram como que guiados pela palavra de conhecimento imediato que receberam. Então, posso dizer-lhes uma coisa: sejam prudentes, continuem a exercê-lo quando ele for dado, pois ele está verdadeiramente a serviço da cura do coração do ser humano".

De fato, este tipo de carisma é suscetível de manifestar-se por ocasião de celebrações pelos doentes e deve ser exercido com prudência, sabendo que está a serviço da celebração e não no centro dela. Por que recusar os dons de Deus, mesmo se eles desarrumam um pouco nossas certezas intelectuais tranqüilas? No entanto, como para todo carisma, a dimensão subjetiva inerente ao seu exercício implica o respeito a certas "regras disciplinares" muito oportunas que o documento romano propõe com exatidão.

VARIAÇÕES SOBRE A PALAVRA DE CONHECIMENTO IMEDIATO

Uma palavra de conhecimento imediato refere-se, às vezes, a várias pessoas, até ao grupo todo, sempre com uma espécie de denominador comum: o da ação exata que o Senhor gostaria de operar no nível corporal, psíquico ou espiritual.

Num dia de agosto de 1982, eu estava na animação da oração pelos doentes com padre Tardif, em Medjugorje, antes que o lugar obtivesse a notoriedade controvertida que passou a ter. As pessoas tinham ido de ônibus em número impressionante, e a igreja onde se realizava a reunião estava cheia. Centenas de pessoas assistiam também à oração do lado de fora, onde tinham sido colocados alto-falantes. Durante a oração, padre Tardif deu uma palavra de conhecimento imediato relativa a três pessoas que eram surdas, e cujos ouvidos estavam zumbindo enormemente, afirmando diante de todos que tais pessoas estavam sendo curadas e que poderiam testemunhar. A surpresa foi geral: como ele podia afirmar isso com certeza?

Ninguém conhecia o carisma de conhecimento na Croácia.

Um silêncio inquieto se estabeleceu com o anúncio; todos esperavam, sem atinar muito bem com o que acontecia. Tardif insistiu, pedindo que as três — não só uma das três

— pessoas curadas viessem dar testemunho. Novo silêncio. Em seguida, um homem de cerca de 40 anos chegou, logo seguido de uma mulher um pouco mais velha. Timidamente, eles anunciaram ao microfone que não ouviam quase nada (por motivos diferentes) fazia muito tempo e que agora eles ouviam perfeitamente. Estupefação na assembléia, seguida de um movimento de ação de graças.

No entanto Emiliano insistiu na autenticidade de sua palavra de conhecimento imediato: "Anunciei três pessoas e temos apenas duas! Estou esperando a terceira".

Foi preciso esperar com paciência vários minutos para ver chegar uma outra mulher, com cerca de 65 anos, que nos explicou que ela ficara tão perturbada pelo que acontecera no seu ouvido doente que ficou tagarelando com sua vizinha, sem compreender que fora convidada a dar testemunho. No entanto ela também estava curada. A exatidão de uma palavra de conhecimento imediato é muito importante para a obtenção de uma graça de cura ou de seu testemunho.

Tanto mais porque alguns instantes mais tarde recebi uma outra palavra de conhecimento imediato relativa a uma mulher de 45 anos paralisada da perna direita e que fora curada pelo Senhor. Também apelei para que desse testemunho, mas ninguém se aproximou.

De novo, silêncio. Insisti gentilmente, mas nada. Então, repeti a palavra de conhecimento imediato e, de repente, atrás de mim, houve um pequeno tumulto: a tradutora se enganara com a palavra e anunciara a cura do braço direito paralisado, ao passo que eu fazia questão da perna direita. Estouraram risadas na assembléia, seguidos da vinda de uma mulher de 45 anos, curada fazia alguns minutos de uma paralisia da perna direita e que veio depositar a sua muleta, agora inútil, aos pés da Santa Virgem.

Enquanto ela não ouviu a correção da palavra de conhecimento imediato, ela não se sentiu interpelada pessoalmente e tinha dúvida desse começo de cura que sentia em sua perna.

Por isso é preciso sublinhar que, no contexto do carisma de conhecimento, se a exatidão da identificação é minimamente necessária, a interpelação interior, contudo, é que importa. É aí que se realiza o verdadeiro trabalho do Espírito Santo.

A prova dessa primazia da interpelação sobre a exatidão encontra-se em muitos testemunhos, que nos revelam que, se a palavra de conhecimento imediato parece "visar" a um indivíduo preciso (pelo fato de determinações significativas), a graça da interpelação veiculada abre, às vezes, uma fenda maior. Seria, então, prejudicial recusar "àquele que Deus a suscita" uma interpelação pessoal profunda que venha da sua graça.

Foi em outubro de 1998, durante um retiro pregado na Suíça, não longe de Zurique. Durante uma celebração eucarística, uma palavra de conhecimento imediato foi dada assim ao público:

"Uma mulher de 42 anos, que passou por dois abortos quando não tinha ainda 20 anos, é atualmente visitada pela misericórdia do Senhor. Depressiva há longos anos, ela hoje está sob tranqüilizantes e soníferos. Seu coração está cheio de remorsos, mas ela sente há alguns minutos uma onda de paz que ela não conhecia antes. O Senhor a convida a confiar-se a um padre para que obtenha, no sacramento da reconciliação, um novo gosto de viver, que ela perdeu desde os seus abortos."

No dia seguinte, encontrei discretamente várias mulheres que, uma após a outra, me deram estes testemunhos:

"Senhor Madre, tenho de agradecer-lhe por aquela palavra de profecia, que me abriu os olhos e me levou para a reconciliação com Deus e comigo mesma. Tenho realmente 42 anos e passei por dois abortos. O meu psiquiatra não sabia mais o que fazer com a minha depressão. Hoje, estou em plena forma. Ontem à tarde, fui ver um padre e tenho a impressão de reviver. Eu não percebia quanto meus abortos tinham me atingido em meu ser profundo. Obrigada, de novo."

Mal tive tempo de lembrar que era a Cristo que devia agradecer, e outra mulher me abordou sussurrando ao meu ouvido:

"Gostaria de fazer uma pergunta, porque estou embaraçada. Fiz dois abortos e sofro de depressão há dez anos. Ontem fui tocada por aquela palavra de conhecimento imediato, mas me perguntei se era para mim, pois não tenho 42 anos. O senhor disse exatamente: uma mulher de 42 anos! Que posso fazer? Sinto-me muito melhor e creio que minha depressão diminuiu. Mas tenho o direito de tomar isso para mim?"

"Senhora, respondi, não se deixe perturbar pelo detalhe da idade. O que conta é o que a senhora viveu em seu coração. Foi falar com um padre?"

"Tive muita vontade, mas tinha medo de tirar a graça de outro..."

"Vá depressa! A graça de Deus é para todos os que a querem. A palavra de conhecimento era também claramente para a senhora!"

Dez minutos depois uma terceira mulher me disse:

"O senhor sabe... tenho quase 42 anos, mas não tive dois abortos. Estou no meu quarto, que aconteceu faz quinze dias! Mas ontem, durante a palavra de conhecimento imediato, fiquei completamente transtornada e percebo que o que fiz foi terrível, ao passo que antes eu achava isso normal, porque me diziam que era normal. Faz muito tempo que não consigo mais dormir direito, mas ontem percebi que estava ligado às minhas interrupções voluntárias de gravidez. O senhor acha que posso voltar para Deus?"

"A senhora não somente pode, mas deve, pois ele é que a interpelou por aquela palavra! Não tenha medo de aproximar-se dele."

Meu coração estava na ação de graças diante dessa pedagogia da misericórdia de Deus, que vai além e subverte todos os nossos julgamentos e apreciações. Ele não acabou de surpreender-nos pelas muitas maneiras de que se serve para curar-nos!

Interpelação carismática e liberdade humana

Para concluir esta delicada questão do carisma do conhecimento, gostaria de insistir no efeito "liberador de liberdade" de uma tal palavra profética. A interpelação inerente à palavra inspirada não obriga absolutamente. Suscita seja um ímpeto livre de adesão pessoal, seja uma recusa de indiferença ou até uma recusa total. Entretanto, em função da qualidade de sensibilização à interpelação, as conseqüências não são, talvez, do mesmo tipo.

Em setembro de 1993, eu estava novamente no Canadá para uma grande reunião carismática. Durante a oração pelos doentes, tive uma palavra de conhecimento imediato relativa à cura física de três mulheres jovens atingidas de poliartrite e muito incapacitadas, cada uma em cadeira de rodas. Impossível, claro, vê-las na multidão.

Após a oração, trouxeram-me três mulheres em cadeira de rodas, cuja família ouvira, com elas, a palavra profética. Pedi para entrevistar cada uma pessoalmente.

A primeira me disse que não tinha "sentido" nada durante a oração e que tinha vindo para agradar a seus pais. Ela pedia para voltar para casa o mais rápido possível, e em cadeira de rodas.

A segunda me afirmou que tinha compreendido alguma coisa para ela a partir daquela palavra de conhecimento imediato, mas não se sentia pronta a levar isso a sério. Foi embora também em sua cadeira de rodas, garantindo que continuaria a rezar ao Senhor.

A última me declarou: "Se é para mim também que a palavra foi dada, isso quer dizer que Deus me fez uma espécie de promessa?". "Você compreendeu direito", respondi-lhe. "Então, posso acreditar que o Senhor me quer fazer andar hoje?" "Sim, você pode." "Então, ajude-me a levantar-me, vamos ver!"

Ela foi embora também, meia hora mais tarde, andando sozinha e sem dor. Acho até que ela esqueceu a cadeira de rodas.

Se era preciso um elemento suplementar em favor da colaboração necessária para o ser humano obter a sua cura, o carisma do conhecimento, com a sua pedagogia própria, no-lo fornece com evidência.

Todavia esse princípio se aplica também ao que evocamos acerca daqueles que carregam, com sua oração ou sua confiança, outra pessoa doente. A palavra de conhecimento imediato pode, às vezes, interpelar mais a esses "carregadores" que ao sofredor, tanto mais porque este último, às vezes, não está em condições de receber adequadamente uma palavra profética. Felizmente, essas famosas mediações de intercessão "inventadas" pela misericórdia divina estão lá justamente para amenizar todo obstáculo aparente ao derramamento da graça de Deus.

Francisco e Genoveva estão desesperados. Seu filho único, com oito anos, está no hospital, com um tumor no cérebro que não pode ser operado, entre a vida e a morte. Sabendo da existência de uma celebração "carismática" pelos doentes numa paróquia muito próxima, eles deixam o filho aos cuidados da tia e vão rezar, animados por uma esperança confusa.

Durante a celebração, é dada uma palavra de conhecimento imediato: "Os pais de uma criança gravemente doente, no hospital, estão presentes nesta assembléia. O Senhor se aproxima deles neste instante exato e lhes faz a pergunta: que vocês querem que façamos para vocês?". Francisco e Genoveva estão abismados; ninguém os conhecia ali e, portanto, não poderia imaginar a situação de sofrimento deles. E se Deus "falava", de fato, a eles através desse carisma? De comum acordo, eles se ajoelharam e suplicaram que o seu filho sarasse. Permaneceram assim durante toda a celebração, sem perceber os sinais que o Senhor concedia a numerosas outras pessoas. Eles foram os últimos a deixar a igreja.

Ao voltar, a criança estava mais tranqüila e a febre havia cedido. Quinze dias mais tarde, saiu do hospital totalmente curada de seu tumor cerebral.

Quando os próximos se deixam interpelar, os doentes passam bem.

13

Libertação: a cura diante das forças do Mal

A questão das forças malignas, muitas vezes chamadas diabólicas, é objeto de múltiplos debates, nos quais não é desejável entrar aqui.

O Mal existe?

Se existe, quem é ele? Se não existe, como explicar o escândalo do sofrimento, das catástrofes, da guerra ou da violência em nosso mundo? E como interpretar certas curas muito particulares, também chamadas de libertação dos poderes malignos por diversos ambientes cristãos?

É claro que o desenvolvimento das ciências humanas permitiu sair de uma concepção medieval do Diabo e de seus seguidores; mas a existência de forças do Mal é por isso posta em questão?

A psicologia nos faz descobrir certos determinantes escondidos do ser humano e abre horizontes terapêuticos inestimáveis e muito variados. Mas tem ela a resposta para a questão do Mal? É preferível formular assim: ela é competente para formular uma resposta?

Diante de certas patologias, ela se confessa honestamente ultrapassada, não em nível do cuidado, mas do próprio diagnóstico.

Forças obscuras poderiam, em certas circunstâncias, mover um psiquismo (até um organismo) humano para um "além" de suas fronteiras próprias?

A questão nos remete ao único grande drama da humanidade: o problema do Mal.

Sobre o assunto, o Evangelho e a Igreja não pretendem dar uma resposta, mas têm o mérito absolutamente original de propor uma solução, a qual tem um nome: Jesus Cristo.

É nessa luz que podemos receber alguns testemunhos propostos neste capítulo, sabendo que só a fé cristã permite acolher com confiança a sua autenticidade.

Seja como for, um ministério de cura forçosamente se confrontará com o problema do Mal, pois se não é ele que se preocupa, é muitas vezes o próprio doente que — com razão ou não — levanta a questão ou provoca o debate até fazer a oração de cura especial chamada de libertação ou, também, de exorcismo.

QUE NOS DIZEM AS ESCRITURAS

Algumas considerações escriturísticas são claras e, como tais, não sujeitas a diversas interpretações contraditórias. Outras, porém, são mais vagas e não permitem uma conclusão definitiva, deixando lugar a apreciações mais subjetivas, que sustentam, às vezes, práticas pouco recomendáveis, ou até francamente lamentáveis. Devo estas poucas considerações escriturísticas que se seguem ao trabalho do saudoso padre Stanislas Lyonnet (sj, ex-professor no Instituto Bíblico de Roma), com quem tive a ocasião de colaborar frutuosamente sobre o assunto.

O Evangelho nos convida a fazer uma distinção muito interessante entre Satã ou Satanás e os "espíritos maus".

Primeiro, trata-se de poder (no singular!) das trevas (eventualmente, algumas traduções colocam um T maiúsculo em trevas). O poder de Satã é, de fato, o poder das Trevas. "Estive convosco todos os dias no Templo e não me prendeste, mas esta é a vossa hora e o poder das trevas" (Lc 22,53).

A Escritura se interessa por esse poder sob nomes diversos, sempre "de um ponto de vista religioso e prático, na medida em que pesa sobre a existência humana e a ameaça. Assim, tendo desmascarado esse poder, o ser humano se preocupa em combatê-lo e vencê-lo" (cf. padre Donatien Mollat).

Trata-se sempre de uma realidade única, um poder fundamental mau, exercido por um ser pessoal. Não se deve compreender "ser pessoal" como se se tratasse de uma pessoa humana, embora esteja dotado de uma inteligência e vontade inauditas. É chamado (sempre no singular) de Satanás ou "o Satã" (quer dizer, etimologicamente, em hebraico: o Adversário) ou o "Diabo" (quer dizer, em grego: o Acusador). A vontade de poder, pessoal e perversa, se manifesta como uma empresa de domínio sobre o ser humano, agressiva, e que ultrapassa o ser humano, sem por isso ser Deus.

Tal vontade de poder má se infiltra concretamente em todas as engrenagens da sociedade humana; e a atividade do ser humano é, assim, deteriorada pelo pecado. Esse poder mau torna-se, em nosso mundo, o poder do pecado.

Ao lado desse poder das trevas chamado Satanás, Diabo, Maligno etc., sempre no singular, a Escritura menciona também, sempre no plural, espíritos, demônios (ou um espírito ou um demônio, quer dizer: um entre outros). Diferente do francês ou do italiano, ela nunca dá o nome de "demônio" ao que ela chama de Satanás ou de Diabo.

Outra distinção interessante é a seguinte: ao passo que Satanás ou o Mal ou o Maligno é citado somente no contexto do pecado ou da tentação, os demônios são sempre mencionados no contexto da enfermidade ou da doença. Se Satã entra em Judas para fazer Cristo perecer (cf. Jo 13,2; Lc 22,3), nunca uma tal expressão é utilizada a propósito dos demônios ou dos espíritos. Em princípio eles são sempre associados apenas à cura da doença corporal ou mais psicológica, tal como o Novo Testamento pode evocar a realidade do psiquismo humano.

Por exemplo: Lc 6,18-19 descreve que uma grande multidão de povo "tinha vindo para ouvir Jesus e para serem curados de suas enfermidades. Também os atormentados de espíritos impuros eram curados. Toda a multidão procurava tocá-lo porque dele saía uma força que sarava a todos".

Em Lc 8,2 são mulheres "que tinham sido curadas de espíritos malignos e enfermidades", entre as quais cita "Maria Madalena, de quem tinham saído sete demônios", como lembra Mc 16,9. A fórmula leva a assimilar Maria Madalena à pecadora da qual Lucas acaba de falar, cujos pecados Jesus perdoa (cf. 7,48), mas de quem ele não expulsa nenhum demônio ou espírito impuro.

Em outro lugar Jesus dá aos discípulos "o poder sobre os espíritos imundos", querendo dizer que devem curar os enfermos e expulsar os demônios (Mt 10,8).

No entanto os demônios e espíritos não deixam de ter relação com Satanás. Parece que em numerosas circunstâncias da vida de Jesus eles podem ser instrumentos de que Satanás se serve, sem ele mesmo intervir. Hoje, uma tal asserção permanece verídica, apesar das — e alguns preferem: pelo fato das — descobertas no campo da psicologia, da psiquiatria e da biologia.

Concordo com a conclusão de padre Lyonnet: "Sem pôr em dúvida a menor possibilidade de que tal ou tal caso de expulsão dos espíritos ou dos demônios no Evangelho seja um verdadeiro 'exorcismo', quer dizer: a expulsão do próprio Satã (enquanto poder do pecado), e ainda menos a possibilidade que Satanás possa, de fato, tomar diretamente posse de um ser humano (através de certas condições indispensáveis, bem entendido!), a própria Escritura convida a distinguir a expulsão dos espíritos ou dos demônios e a expulsão de Satanás e, para tal fim, recorrer de preferência ao termo "libertação", no primeiro caso, reservando o de 'exorcismo' exclusivamente para o segundo caso."

Geraldo, 34 anos. Casado há nove anos, pai de três filhos, uma vida aparentemente "bem-sucedida". Casamento estável, mulher admirável, comunhão conjugal que não cessa de crescer. Sua profissão — engenheiro de Águas e

Florestas — lhe agrada enormemente, e seus filhos não são desordeiros. Sim! "Tudo para ser feliz", mas...

Um elemento cada vez mais inquietante apareceu no seu horizonte de vida. Pulsões repentinas de suicídio vinham-lhe ao pensamento sem nenhuma ressonância interior de consentimento. Aconteceu a primeira vez havia três anos, durante um bom quarto de hora, deixando-o em pânico. Se tivesse obedecido a tais pulsões, teria tomado, sem intenção pessoal, o volante de seu carro para precipitar-se contra uma árvore. Não falou disso a ninguém, nem mesmo à esposa, e terminou por esquecer o acontecimento curioso.

Mas um mês mais tarde o fenômeno voltou, com a mesma intensidade. Agora, o impulso interior disse-lhe: eletrocute-se. Ele precisou fazer um esforço intelectual real para convencer-se de que se tratava de uma espécie de pesadelo desperto e que isso não correspondia a nenhum impulso de vontade pessoal. Várias vezes, nos três meses seguintes, a obsessão repentina de matar-se, por modalidades diversas, manifestou-se, suscitando uma angústia crescente.

Finalmente, ele decidiu dizer algumas palavras à mulher, que marcou imediatamente uma consulta com um psiquiatra conhecido. O psiquiatra dialogou longamente com Geraldo, mas ficou perplexo, pois não descobriu nenhum traumatismo psíquico particular que pudesse explicar tais sintomas. Ele acabou falando de perturbações obsessivas compulsivas "atípicas" e prescreveu um tranqüilizante, ao mesmo tempo que aconselhou uma psicoterapia.

Decepcionado com tanta incerteza, Geraldo aceitou o tranqüilizante, mas recusou a análise.

Algumas ondas de obsessão de morte apareceram novamente, mas com virulência menor. Geraldo dizia para si mesmo que sairia daquilo lentamente, com a ajuda de ansiolíticos.

Entretanto um acontecimento doloroso — o falecimento de seu irmão mais velho — operou nele uma mudança interior de ordem religiosa. A questão de Deus se colocou com mais acuidade na sua vida e descobriu nele mesmo, na ocasião, uma sede de aprofundar a sua fé cristã, que tinha sido muito negligenciada até então.

Curiosamente, os fenômenos obsessivos reapareceram, mais freqüentemente, mais intensamente. Angustiado, sentindo-se mais cansado para lutar contra aquela pulsão mórbida, Geraldo consultou de novo um psiquiatra, que apenas lhe deu uma opinião próxima à do primeiro. Ele decidiu, então, iniciar uma cura psicoterapêutica, que o deixou, a cada seção, mais à vontade, como se o verdadeiro problema — que ele ignorava qual fosse — não tivesse sido abordado.

Sua fé lhe serviu de grande ajuda para viver sem desanimar, mesmo se o psiquiatra lhe tivesse dado a entender que tal fé tinha algo a ver com as perturbações que ele sofria. Afirmação que Geraldo achava gratuita e ridícula pelo simples fato de que a obsessão aparecera bem antes da redescoberta da fé.

Sua esposa — orante cristã de longa data — falou para ele de outras causas possíveis. Ela lera um artigo numa revista religiosa sobre os problemas psicológicos cujas causas não são necessariamente de ordem psíquica.

Foi então que encontrei Geraldo, a pedido dele, o qual me expôs a sua situação. Seu estado preocupava muito, pois a angústia o submergia permanentemente, os ansiolíticos superdosados não o aliviavam, as obsessões se repetiam quase diariamente. Cada vez era preciso concentrar-se mais com toda a sua força moral para não se deixar vencer pela agressão interior que o atormentava. Ele estava psicologicamente esgotado e sua vida familiar se ressentia profundamente com isso, para seu grande desassossego.

Claro que, como os médicos anteriores, tentei fazer um diagnóstico médico e detectar uma causa psíquica, mas sem nada encontrar que bastasse para explicar um tal fenômeno. Aliás, fiquei impressionado pelo fato de que os fenômenos apareceram repentinamente, sem sinal precursor, sem tendência psicológica prévia à morbidez, e que se acentuaram paralelamente a um crescimento de ordem espiritual.

Minha pesquisa orientou-se para aspectos mais "esotéricos" da personalidade de Geraldo, e ele me informou que, por volta dos 18 ou 19 anos, freqüentara muito um centro de espiritismo, que ia muito longe na prática oculta da necromancia (consulta aos mortos) e da busca da adivinhação. Geraldo falou dos "resultados" que obtinha na época, dando testemunho de um grande empenho nesse gênero de passatempo, e me disse que parou simplesmente porque os seus estudos tomavam muito o seu tempo para que pudesse continuar.

Minha surpresa foi grande: "Por que você não me disse isso antes? É um elemento de diagnóstico muito sério!".

"Eu não sabia! Qual é a relação com a minha obsessão?"

Minha resposta deixou-o muito pensativo: "Como cristão, você ignorava que certas atividades obscuras praticadas com assiduidade, como o espiritismo ou o ocultismo, podem ocasionar o que se chama de infestação má, suscetível de provocar problemas de ordem espiritual e não principalmente psicológica?"

"O senhor quer dizer que esse impulso para matar-me seria devido ao espiritismo que pratiquei faz 15 anos?"

"Não posso afirmar isso. Sei que é possível e que, se você estiver ligado a isso, não é de admirar que a psicologia não tenha os meios de ajudá-lo eficazmente. A única maneira de ter o coração limpo é rezarmos juntos uma oração chamada de libertação, mas somente se você renunciar diante de Deus a essas práticas passadas. Talvez também fosse bom, depois, procurar um padre para pedir o perdão do Senhor sobre esse assunto."

"Como? Era pecado? Mas eu não sabia."

"Nem todo pecado é necessariamente consciente. Você se tornou cúmplice, mesmo sem querer, de um ato de tipo mágico, que Deus não suporta. Seria bom confessar isso."

Geraldo foi imediatamente em busca de um padre e voltou no mesmo dia para ver-me. Sentia-se tranqüilo interiormente, mas não curado da ameaça de obsessão. Os dois rezamos durante um quarto de hora, apresentando ao Senhor esse sofrimento interior e invocando sobre ele o sangue de Cristo, que dá testemunho de que Jesus deu sua vida na cruz por Geraldo também!

Geraldo sentiu durante a oração uma espécie de aumento do peito e uma onda de paz o invadiu. O tratamento ansiolítico pôde ser suspenso em três dias e a obsessão não reapareceu mais. Geraldo estava como que renovado em todo o seu ser e levado por uma força interior que não o deixou mais.

A noção de alienação espiritual maligna

As influências más, que prefiro chamar de alienações espirituais malignas (AEM), existem realmente, embora estejam integradas naquilo que hoje se chama de domínio irracional. Elas não podem nunca ser provadas enquanto tais. Pode-se simplesmente pensar nisso diante de certos sintomas que aparecem em alguns contextos típicos particulares.

Dito de outro modo: quais são as grandes circunstâncias pelas quais tais influências de espíritos (ou forças) maus (más) podem infiltrar-se? As AEM não aparecem do mesmo modo como a gripe. Não são "pegas" de maneira passiva, sem um aspecto de cumplicidade, ainda que inconsciente. Classicamente, são quatro os grandes domínios de comportamento que podem favorecer a gênese de uma alienação espiritual maligna.

As práticas ocultas ou divinatórias

São práticas que visam a recorrer a forças obscuras (ocultas) para obter um grau de poder ou de saber que vá além das aptidões que podem ser humanamente adquiridas. No tocante ao poder, é preciso notar o recurso perseverante aos meios mágicos (que se considera que produzem por si mesmos o seu efeito próprio), mesmo para fazer um suposto bem. Também é preciso estar atento a toda técnica esotérica que visa a dominar o outro, como a bruxaria, os sortilégios, os feitiços etc. Talvez se pense, ao ler estas linhas, que se voltou à Idade Média. Mas de fato tais práticas são sempre — e cada vez mais — atuais, embora muitas vezes olhadas à maneira do século XX ou XXI. Nossas sociedades modernas estão cada vez mais marcadas pela religiosidade, e esta favorece o recurso a muitas formas de ocultismo, mais ou menos antigas.

No tocante ao saber, trata-se, de modo especial, do que tange às práticas divinatórias, tais como tentar descobrir o futuro ou procurar a chave de certas perguntas importantes — aí também invocando uma "inteligência obscura" — até tornar a sua existência dependente de pretensos resultados.

Maria e João Pedro, casados havia cinco anos, tinham duas filhas, Carina e Sandra. Havia cerca de um ano aconteceram coisas bizarras em sua casa: barulhos estranhos e irracionais às vezes, móveis que mudavam de lugar sozinhos, cheiros nauseabundos passageiros, fenômenos físicos inexplicáveis, como a água salgada que corria, de repente, de um lugar determinado de uma parede ou do teto. Pedro estava espantado, tanto mais porque a sua formação científica rigorosa não encontrava nenhuma explicação para isso, como também diversos entendidos em maçonaria ou outra especialidade que foram convocados para encontrar uma causa objetiva para tais problemas apavorantes. Chegou até a filmar o deslocamento espontâneo de vários móveis da casa: nenhum truque, nenhuma trapaça possível, o medo se instalou no seio da pequena família, Carina e Sandra estavam apavoradas. Que fazer?

Pedro, pouco crente, resolveu ir ver um padre para pedir um conselho. A discussão fez surgir um elemento importante: os fenômenos só se produziam nos lugares freqüentados por Carina. Pareciam "segui-la". Por quê?

Perguntada a respeito, Maria se lembrou de um acontecimento de três anos atrás. Uma comerciante do bairro, mulher de comportamento julgado estranho e agressivo por toda a vizinhança, interessou-se por Carina de uma maneira particular. Ela felicitou Maria pela filha, propondo ficar com ela, tanto mais porque ela não tinha filhos, mesmo se tivesse desejado tê-los. Diante da reticência compreensiva de Maria, a mulher insistiu para que lhe desse Carina. A conversa chegou até à ameaça. Maria ficou com medo e fugiu, enquanto a mulher, tomada de um ódio inexplicável, gritou que iria jogar sobre Carina uma maldição que faria toda a família sofrer muito. A mulher não apareceu mais, o tempo passou e, sobretudo, Pedro e Maria tiveram de mudar-se por razões profissionais.

Seria possível que essa velha história de bruxaria moderna tivesse alguma relação com os problemas atuais em torno de Carina?

O padre aconselhou a Pedro que contatasse, se possível, essa mulher, o que ele fez imediatamente, por telefone, para pedir um encontro. Mas ela não concordou, jogando apenas uma frase reveladora: "Espero que vocês sofram bastante hoje! Recorri a uma pessoa que tem plenos poderes". E desligou.

Informado, o padre propôs que se rezasse num sentido de libertação, dizendo que se tratava, talvez, de um fenômeno de opressão diabólica.

"Trata-se de uma influência má que não atinge a pessoa, no caso Carina, porque ela não tem responsabilidade de ordem espiritual.[1] É o mundo exterior em torno dela que é solicitado pelas forças más, para impressionar, para minar a existência e cultivar o medo. É um ato de malevolência que apela para poderes ocultos que alguém tem o hábito de provocar", disse o padre.

"Como, isso existe mesmo?"

"Sim, Pedro, mas não se fala muito sobre isso, ou fala-se pouco, hoje em dia. Parece tão anacrônico. Mas a malevolência de um coração humano não tem idade. Apesar da modernização, alguns sempre recorrerão a instâncias ocultas para fazer o mal ao próximo."

Maria, Pedro e o padre se reuniram para rezar, pedindo com fé, ao Senhor da Vida, uma libertação daquela opressão e das conseqüências do sortilégio lançado contra Carina. Em nome do Cristo morto e ressuscitado, o padre ordenou aos poderes maus que cessassem toda influência prejudicial.

Nas 48 horas seguintes, toda manifestação de opressão tinha desaparecido e a família pôde retomar uma vida normal, sem nenhuma dúvida fortalecida na sua fé através dos acontecimentos penalizáveis pelos quais passara.

---

[1] Convém destacar, aqui, esta frase importante e tranqüilizadora: a influência má não pode ser atribuída à integridade física ou psíquica da pessoa quando esta não é espiritualmente responsável pelo seu aparecimento.

O *pacto explícito ou implícito com o Maligno*

Quando uma pessoa faz lucidamente aliança com o Mal, chegando a pôr um ato livre e concreto neste sentido, fala-se de pacto explícito.

Muitas vezes essa aliança não é absolutamente clara, inteligente, para a pessoa que a faz. Significa mais um comércio com as forças obscuras, às vezes recorrendo a um intermediário, pelo qual se deseja adquirir um poder malfazejo em troca de comportamentos degradantes ou anti-religiosos. Fala-se, então, de pacto implícito, quer dizer: motivado menos por uma vontade lúcida que por um comportamento imaturo, irresponsável ou supersticioso.

Fanny tem 23 anos. Sofre de crises de violência inauditas, durante as quais ameaça matar qualquer um de seu meio. Também uma atração irresistível pelo álcool e pela droga a leva, durante certos períodos, aos piores excessos. Ela afunda na delinqüência, roubando carros, ligando-se a gangues de "bairros propícios" para roubos e corridas de carro. Tem também impulsos violentos de suicídio e seu corpo está coberto de cicatrizes de facadas que ela mesma se dá. Essas crises duram de alguns dias a algumas semanas, depois tudo parece voltar à ordem, e ela se torna doce e agradável, mas com medo por causa da consciência dos atos que ela cometeu durante seus "períodos maus". Para evitar ou impedir esses atos, não há nada a fazer! Uma capa de chumbo cai, de repente, sobre ela, feita de angústia e de outra maneira de ver as pessoas e a sua própria existência. Ela muda brutalmente de personalidade e não há meio de parar o fenômeno.

A polícia a vigia, os psiquiatras também. O comportamento de Fanny é claramente sugestivo de uma psicopatologia conhecida e merece um tratamento sério. Mas o pai de Fanny não está tranqüilo. Ele conhece a filha e o caso não se reduz a um mero problema de psiquiatria.

Aproveitando-se de um período de "tranqüilidade", ele levou Fanny a um padre para que ele conversasse com ela e tentasse descobrir se não havia um problema oculto.

Na presença do padre, Fanny se fechou num mutismo, ao passo que antes estava sorridente e desejava o encontro. Sem se deixar desarmar, o padre começou a falar com ela, e Fanny entrou, então, numa crise de furor, precipitando-se sobre ele para estrangulá-lo. Os dois homens — o pai e o padre — tiveram dificuldade para dominá-la.

Aproveitando um momento de descanso, o padre fez algumas perguntas e Fanny respondeu, com dificuldade, que ela fizera um pacto de sangue (o próprio sangue) com Satanás quando tinha 17 anos.

Alguns meses mais tarde começaram as primeiros transtornos de comportamento.

O padre balançou a cabeça, perplexo, pois talvez estivesse diante de um caso autêntico de possessão diabólica. Ele propôs a Fanny irem rezar no bispado, na presença do padre exorcista da diocese. A oração durou dezoito horas, e durante a oração Fanny esteve muito agitada, violenta e obscena. Em seguida, tudo se acalmou repentinamente. Fanny abriu os olhos, como se visse o mundo numa luz totalmente diferente. Ela se sentiu libertada, definitivamente!

Esse acontecimento ocorreu em março de 1984. Fanny nunca recaiu em seu antigo comportamento, tendo parado com todo tratamento alguns dias depois do exorcismo. Está casada, tem dois filhos, e essa história antiga é apenas uma lembrança má, superada por uma vida de fé admirável.

As práticas sexuais perversas deliberadas

Neste campo, os comentários parecem supérfluos.

Sublinhemos que esses comportamentos não são analisados, aqui, sob o ângulo moral. Referem-se a atitudes que aviltam a noção de sexualidade humana[2] e são experimentadas voluntariamente a longo prazo. As patologias sexuais não fazem parte, embora aconteça que certas alienações espirituais malignas possam sustentar tais perturbações.

Compreender-se-á que um exemplo neste campo não é oportuno. No entanto as situações deste gênero se revelam muito freqüentes. O Maligno se deleita em degradar a sexualidade porque ela é o lugar preferido da expressão do amor humano e da eclosão da vida.

O excesso de práticas de concentração (com tonalidade religiosa ou não) referentes à aquisição de faculdades individuais "sobre-humanas"

Cristina entrou no Carmelo com 42 anos de idade. Vocação religiosa tardia, pois ela só encontrou Cristo dois anos antes, encontro que mudou totalmente a sua vida. Ela percebeu rapidamente um apelo a dar-se inteiramente ao Senhor, numa vida de silêncio e de oração. Após uma experiência de dois meses no Carmelo, ela se sentiu em seu lugar e pediu para tornar-se religiosa.

Só dois anos mais tarde, com 44 anos, Cristina começou a sentir as perturbações interiores, feitas de angústia, de idéias obscenas ou suicidas. Os fenômenos se intensificaram e ela falou deles à sua superiora, que não soube direito o que aconselhar e pensou em consultar um psiquiatra. Este último diagnosticou uma forma de depressão que podia

---

[2] Por isso desviantes em relação ao sentido da experiência sexual humana. Aqui, é preciso distinguir entre as experiências ditas eróticas, motivadas pela busca de um prazer por uma relação de intimidade sexual, homem-mulher "fora da norma", e as experiências que aviltam a dignidade humana, motivadas menos pelo prazer que por uma vontade de degradar o sentido da sexualidade e da sua dignidade própria.

sugerir que a escolha religiosa de Cristina talvez não fosse apropriada.

Ela aceitou um tratamento antidepressivo, que não serviu de nenhuma ajuda. Os pensamentos continuavam a aparecer, acrescidos de sensações dolorosas. Cristina sentia ao mesmo tempo uma repulsa por tais sintomas e um certo fascínio erótico ao nível do imaginário.

Com o passar dos meses, a situação se tornou cada vez mais infernal. Cristina pensou em deixar o Carmelo, tão intenso era o sofrimento moral, e quase permanente.

O seu assistente espiritual aconselhou, entretanto, que fizesse um retiro de discernimento num outro lugar espiritual, onde ela poderia explicar a alguém que lhe desse uma opinião a respeito. Ela se apressou em encontrar tal lugar e foi para lá com a concordância de sua superiora.

Desde a primeira entrevista com um acompanhador espiritual experiente, a atenção se colocou sobre o passado "espiritual" de Cristina: entre 20 e 25 anos, ela foi membro de uma seita onde se praticava, num ritmo muito puxado, a meditação transcendental com a finalidade de controlar a sua energia intelectual e também adquirir certos poderes ditos sobrenaturais. Cristina acabou deixando a seita ao perceber que todas as promessas procedentes de seu guru eram apenas ilusões. Depois, ela aboliu toda "busca metafísica", levando uma vida mais "materialista", como secretária numa grande empresa.

Até o dia em que ela teve aquele encontro determinante com Cristo Vivo.

O acompanhador espiritual, conhecendo bastante bem a questão das alienações espirituais (ao passo que Cristina a ignorava totalmente), lhe fez uma proposta.

"Os seus problemas talvez sejam de ordem psicológica, mas talvez estejam também ligados a seu passado de meditação transcendental e, neste caso, é normal que apareçam quando você vive um processo espiritual profundo. Se você desejar, faremos uma oração de libertação de ordem espiritual, mas com a condição de você mesma participar dela."

"Como poderei participar dela? Realmente, não compreendo o que o senhor fala."

"A esse respeito, confie simplesmente em mim. Mas cabe a você apresentar livremente essa parte do passado duvidoso ao Senhor pedindo a ele que a liberte disso. Uma oração de libertação nunca é uma espécie de magia, na qual se espera que tudo aconteça sozinho. Trata-se de sua vida, de sua responsabilidade em nível espiritual. Você não sabe, mas a prática de meditação, no ritmo que você a praticou, pode ser um obstáculo a uma experiência cristã autêntica."

Cristina aceitou sem dificuldade e se apresentou, assim, ao seu Deus. Depois, o acompanhador espiritual rezou com fé para a sua libertação.

Quando voltou ao Carmelo, Cristina estava totalmente libertada de todos os fenômenos que antes a afligiam. A alegria estava presente em seu coração, e permanece até hoje.

O Mal existe verdadeiramente! Nós o encontramos cada dia, mas felizmente não em termos de alienação espiritual maligna. Na vida dos seres humanos, ele é primeiro Tentador. Todavia é incontestável que certas circunstâncias, tais como acabamos de evocar, são suscetíveis de abrir uma porta pela qual poderá alienar o ser humano na sua liberdade ou degradá-lo na sua dignidade. Só o poder de Cristo ressuscitado pode enfrentá-lo e vencê-lo concretamente em seus efeitos devastadores.

Os testemunhos apresentados ilustram bem os três graus clássicos da gravidade destes últimos: opressão (Carina), obsessão (Cristina) e possessão (Fanny). No entanto não provam nada quanto à existência do Maligno e das forças espirituais más, porque outras interpretações, mais racionalizantes ou psicologizantes, podem ser propostas para os mesmos fenômenos.

Pois, afinal, não se diz — com razão — que a maior astúcia do Maligno é saber ficar escondido, mesmo nos seus próprios efeitos malfazejos?

Por outro lado, o mais importante não é crer, prioritariamente, no Malvado e suas forças obscuras em ação no nosso mundo (embora não se deva esquecê-lo!), mas sim naquele que é a Ressurreição e a Vida, o próprio Cristo, pelo qual nos vem a revelação plena do amor de um Deus Pai para cada um dos seus filhos?

14

Primícias da ressurreição?

Fala-se muito da cura física, da cura psicológica e até da cura espiritual. Mas há uma forma de cura da qual se fala demasiado pouco, sem dúvida porque é mais do que cura, a saber: a cura da vida.

A vida humana é mais do que o corpo, mais que o psiquismo, mais que o espírito! No entanto ela contém em si mesma essas três dimensões para fazer delas uma só, e então estamos diante de uma realidade, a da vida humana, a nossa, única, e a do outro, igualmente única.

A vida não é definida ou resumida só por conter esses "componentes". Pressentimos que ela leva em si mesma uma "outra coisa" ainda, indefinível. Não se pode falar da vida sem evocar o seu sentido, o seu porquê, bem como o seu valor. Mas isso basta? Não, porque pressentimos dimensões profundas em nós mesmos, mas também exteriores a nós, que sustentam a vida. Cada um de nós pode concluir: minha vida é um mistério, no entanto ela é... eu!

A vida está imensamente além da saúde. Por isso a graça de Deus age em seu favor mais que em termos de cura. Com isto quero dizer que, quando Deus age sobre a saúde do ser humano, pode-se falar de cura. Mas se ele age sobre a vida humana, pode-se ousar falar de graça da ressurreição, com o risco de fazer estilhaçarem os esquemas que construímos em torno dessa palavra.

Ademais, a confusão atual entre vida e saúde do ser humano nos sugere, bem à sua maneira, que a vida tem necessidade de ser reconhecida por si mesma. Reduzir a noção de vida humana à da saúde abre horizontes inquietantes: um ser humano que passa por um grande problema de saúde está "verdadeiramente na vida"? Quer dizer: está em condições de equilíbrio biológico ou psíquico suficientes para ser qualificado como "digno de viver"?

A identificação abusiva dos termos "vida" e "saúde" está, hoje, por baixo das grandes questões bioéticas da humanidade e do espectro eugênico que se perfila como única boa resposta.

Um adulto "normal" está, certamente, em vida, mas que pensar de um adulto fortemente incapacitado? Está ele "tão" em vida aos olhos de nossa sociedade? A resposta está longe de ser unânime, e oscila-se, lenta, mas seguramente, para uma maioria negativa.

Um canceroso em fase terminal está "tão em vida" como uma pessoa com boa saúde?

Uma criança concebida há duas semanas no seio de sua mãe está "tão em vida" como uma criança de dois anos? Em nossas sociedades fala-se cada vez mais de "direitos do homem", "direitos da mulher", "direitos da criança", mas quem é reconhecido como "homem, mulher ou criança", quer dizer, como "em vida"? Apenas certas categorias?

A vida é um mistério, além das doenças, fraquezas ou incapacidades possíveis; no entanto ela pode estar ferida.

Caetano tem 22 anos e seu caráter poderia ser definido como desesperado. Sua saúde física não apresenta problema, e psicologicamente poderia ser definida como depressão importante. Mas a depressão é uma palavra que serve para tudo, que não combina com o que Caetano tem de sofrimento. Mas qual acontecimento o colocou nesse estado? É preciso voltar à idade de oito anos para compreendê-lo melhor.

Naquela época, Caetano vigiava por alguns minutos sua irmã menor, Marlene, que tinha quatro anos. Pelo menos é como ele entendeu o pedido dos pais, que precisaram ausentar-se para procurar alguma coisa em outro lugar da casa. Ele estava olhando o livro que tinha nas mãos e não viu Marlene trepar numa cadeira e debruçar-se na janela do segundo andar. A queda foi terrível e Marlene morreu.

Durante anos Caetano ouviu seus pais exprimirem, muitas vezes com violência, a sua dor. As censuras repetidas eram remorsos interiores e o convenciam de que era o culpado pela morte da irmãzinha. Seus colegas de escola não deixavam de acusá-lo e até de chamá-lo de assassino. A escolaridade se transformou numa sucessão de fracassos; e desde os 14 anos Caetano começou a drogar-se, até recorrer, aos 17 anos, às drogas pesadas e intravenosas.

Aos 20 anos, tornou-se um verdadeiro "farrapo humano".

Foi um sonho especial, imprevisto, no qual ele se via cavando sua própria sepultura, numa angústia insuportável, que fez com que ele decidisse buscar uma ajuda mais espiritual que psicológica. Ele, aliás, estava consciente de que sua aflição era mais do que psíquica e que não poderia sair dela num piscar de olhos. Um guia espiritual fez com que ele sentisse que a sua dificuldade estava ligada ao que se chama de "ferida da vida", acompanhada de uma desordem psicológica manifesta, mas não primordial.

Ao aceitar viver um acompanhamento de vida, Caetano aprendeu a perceber a profunda mentira de identidade na qual ele se fechou. Pouco a pouco, Deus foi como que libertando-o do desespero sobre si mesmo, ressuscitando-o do interior, restituindo-lhe a consciência de quem é verdadeiramente, com suas múltiplas potencialidades.

Hoje, Caetano é pai de família e professor de matemática.

Sinal de cura? Não se deveria dizer, antes, sinal de uma verdadeira ressurreição interior? Em todo caso, é um sinal de vida recuperada.

A esta altura seria necessário desenvolver a noção de vida. Mas este não é o propósito deste livro,[1] porque os testemunhos dos sinais de Deus nos interessam prioritariamente.

A vida, portanto, pode ser ferida e, quando o Senhor realiza nela a sua obra de cura (ou de ressurreição interior), o tempo é, todavia, necessário. Trata-se, de fato, de viver uma redescoberta de si mesmo com um outro olhar, e tal processo da graça se faz por etapas sucessivas. Essa graça age, classicamente, através do que se chama de acompanhamento de vida, o qual pode durar várias semanas, meses ou até anos, segundo a profundidade do drama interior da pessoa.

Nesta obra nos contentaremos a enunciar os três grandes eixos de discernimento de uma ferida da vida:[2]

- um desespero intenso em relação a si mesmo, o qual não aparece necessariamente na consciência de maneira habitual; daí a importância da relação de escuta atenta para percebê-lo;

- um isolamento interior "infernal", ou, ainda, o sentimento profundo de que nada e sobretudo ninguém pode ajudar a sair dele, mesmo quando se deseja sair. Daí a necessidade de uma relação de confiança e, mais ainda, de fé no acompanhador para aceitar que se tem o "direito de sair" disso;

- uma "falsa identidade" construída progressivamente, segundo a idéia negativa que se forjou de si mesmo pelo fato

---

[1] Para quem desejar aprofundar a questão, sugiro a leitura do livro, do mesmo autor, *La blessure de la vie*, Éditions des Béatitudes, 2001, primeira parte.

[2] Para diagnósticos mais detalhados, ler *La blessure de la vie*, já citado, pp. 131-179.

de uma ferida da vida inicial, o que leva a adotar comportamentos pessoais como se fossem constitutivos de si, ao passo que não o são absolutamente. Poderiam ser chamados de "comportamentos parasitas para si mesmo".

Esses três critérios, muito ligados entre si, evocam uma provável ferida da vida, com a condição de serem os três "detectados" juntos. A presença de um deles apenas não significa de modo algum uma possível ferida da vida.

Genoveva, 32 anos, casada, mãe de dois filhos, feliz na vida conjugal, viveu uma interrupção de gravidez voluntária (IGV) com a idade de 28 anos, quando ela ainda não estava casada. Segundo ela mesma disse, "tudo acabou bem". Ela saiu da sala de operação com boa saúde moral e física e procurou esquecer o malfadado episódio de sua vida. Ela encontrou um homem atraente e se casou com ele rapidamente, com um grande desejo de logo ter filhos.

Tornou-se uma boa mãe de família, atenciosa com os seus, aparentemente alegre. Interrogada dois anos mais tarde sobre a sua interrupção voluntária de gravidez, ela respondeu que foi um ato sem importância e sem conseqüência para ela, que, ademais, a tinha libertado de uma situação extremamente delicada.

Dez anos mais tarde, o discurso não era mais o mesmo. Um acontecimento semelhante muito penoso — o falecimento de um sobrinho acometido de leucemia — reativou a lembrança daquele aborto, e de uma maneira violenta e brutal. A ligação entre os dois acontecimentos não foi direta, mas para ela foi um golpe interior que fez brotar uma angústia incontrolável.

Foi somente a partir daí, e graças a um acompanhamento de vida, que ela descobriu a desesperança sobre ela mesma, que, de fato, começou muito cedo depois da IGV, mas que ela sempre ocultara. Aparentemente, e no seu campo de consciência do momento, ela se sentia "bem", sobretudo aliviada. Depois, o tempo e a passagem para uma outra etapa de sua existência tinham favorecido o esquecimento, até o dia em que...

O sentimento de uma falta suficientemente grave para não poder ser lavada a oprimia permanentemente (segundo critério), sem relação com um aspecto religioso de pecado (em relação ao qual ela continuava insensível).

Ao tomar consciência daquele sofrimento profundo (ferida da vida por causa de aborto), Genoveva percebeu que carregava com ela uma grande angústia de fundo acompanhada de uma agressividade cada vez mais forte em relação a pessoas em estado aflitivo ou de doença avançada. Quando ela encontrava uma pessoa assim na rua, ou mesmo quando a via na televisão, uma onda de violência interior se apossava dela. Mas esse traço de comportamento não combinava com ela e lembrava mais uma falsa identidade-parasita, terceiro critério e conseqüência dos dois primeiros.

Um acompanhamento de vida — o qual não tem nada a ver com um acompanhamento psicoterapêutico — permitiu que ela encontrasse a paz e a reconciliação com ela mesma em alguns meses. Também aí Genoveva "nasceu de novo" em sua própria identidade. Ela se deixou tornar ela mesma, quer dizer: ressuscitar interiormente por Deus ali onde uma escolha de morte um dia se colocou em sua existência passada.

É preciso observar que o aborto voluntário (e não o aborto involuntário) abre sempre na mulher uma ferida da vida, mesmo se a mulher só tome consciência disso mais tarde. A síndrome pós-abortiva, como a medicina a chama, é apenas a ponta do *iceberg* que constitui a ferida da vida ligada ao aborto. Tal constatação não tem absolutamente a intenção de "diabolizar" o ato do aborto (embora ele contenha em si uma parte de culpa indiscutível), mas quer apelar para a verdade sobre si e para a experiência da misericórdia de Deus, que nunca se recusa à mulher que se volta para Deus.

POR QUE UMA FERIDA DA VIDA?

As causas de uma ferida da vida são muito variadas, mas giram sempre em torno de dois eixos principais, às vezes muito ligados entre si:

- por um lado, um (ou vários) traumatismo(s) da infância em nível da relação com o pai ou com a mãe, um traumatismo tão forte que o filho sentiu-se realmente proibido de viver por parte de um dos pais (ou substitutos deles), quando não dos dois;[3]

- por outro lado, um ou vários traumatismos intencionais em nível da integridade do corpo, em sua dimensão sexual (violações, incesto, toques, aborto etc., sabendo que só este traumatismo é causa sistemática — na mãe — de uma ferida de vida e não os outros traumatismos mencionados).

Sílvia, 24 anos, estudante de medicina, não se sente bem em seu corpo desde a adolescência, sem que possa determinar exatamente o porquê. Ela ouve muitas vezes falar da necessidade — em voga atualmente — de reconciliar-se com o seu corpo, mas ela não vê como. Alguns conselhos pedidos a amigos psicólogos não a satisfazem. O sentimento de não ser compreendida em sua expectativa continua predominante.

---

[3] Entende-se a infância a partir da concepção.

Progressivamente, durante vários anos, um estado depressivo se instala e se amplifica, chegando a justificar um tratamento antidepressivo permanente. A idéia do suicídio se torna familiar a ela, idéia em que ela muitas vezes gosta de refugiar-se. Uma tendência anoréxica se manifesta desde os 20 anos e se concretiza severamente três anos mais tarde, até justificar uma hospitalização.

Um psiquiatra do hospital tenta ajudar, mas esbarra num muro. O estado de Sílvia se degrada cada vez mais, tanto psicológica quanto fisicamente. Ela está na sua terceira tentativa de suicídio e não está disposta a parar aí. Parece que não há nada a fazer a não ser suportar com fatalidade essa decadência progressiva com prognóstico sombrio.

Muito preocupados com a saúde da filha, os pais de Sílvia, membros de um grupo de oração carismática, sugerem a ela que participe de uma assembléia de oração pelos doentes organizada pela Renovação Carismática de sua cidade. Sílvia aceita sem grande convicção.

Durante a celebração, uma palavra de conhecimento imediato tocou-a profundamente. "O Senhor visita neste instante uma mulher de 24 anos, gravemente depressiva devido a um acontecimento traumatizante sofrido com a idade de sete anos." Sílvia se sentiu muito afetada por aquela palavra, embora não compreendesse de que acontecimento poderia tratar-se. Uma grande paz a invadiu nos minutos que se seguiram e toda a sintomatologia psíquica grave desapareceu instantaneamente, mesmo precisando de algumas semanas para confirmar: a anorexia, bem como as idéias depressivas e suicidas, cessaram. Sílvia se sentiu curada e livre interiormente.

No entanto persistia o mal-estar em relação a ela mesma, que a inquietava e a levava a buscar o que acontecera. Primeiro, se aquela palavra de conhecimento imediato se mostrava exata, que acontecimento a traumatizara quando ela tinha sete anos?

Neste contexto, após um sinal de cura psicológica notória, é que lhe propus um acompanhamento de vida, que ela aceitou de boa vontade, na esperança secreta de também poder "pôr mais Deus em sua vida".

Bem cedo, Sílvia tomou consciência da verdade, que ela escondera durante tanto tempo: pelos sete anos, quando ela ia à escola primária, um professor a levava freqüentemente ao seu escritório para "jogar com ela", quer dizer: para fazer com que ela passasse por toques sexuais, e até mais... A ferida da vida estava exatamente aí, expressa por diversos sintomas psíquicos que o Senhor acabava de curar.

O acompanhamento de vida favoreceu a ressurreição interior de Sílvia em alguns meses, ressurreição manifestada não apenas pela restituição à sua identidade própria, mas também pela descoberta da vocação pessoal, cuja revelação constituiu para Sílvia uma alavanca poderosa de recuperação pessoal e identitária.

Hoje, ela é responsável por um projeto humanitário importante, em cuja realização ela se sente feliz e curada, bem mais do que apenas no plano de seus antigos sintomas.

Mas afinal, em que a graça de vida — assim como a evocamos — é diferente da graça de cura?

Certamente, trata-se sempre de uma experiência da graça de Deus, pelo fato de seu Amor paterno por cada um de seus filhos, que somos nós. Se ouso tomar o termo ressurreição (interior) em vez de cura, é simplesmente porque convém notar um fato espiritual incontestável, a saber: diante de uma ferida da vida, o Senhor não intervém apenas — talvez não principalmente — concedendo uma cura. Ele ressuscita a própria pessoa dando de novo um sentido à sua vida, ao porquê real de sua existência. Certamente, a resposta a esse "porquê" sempre se revela terapêutica. Mas não é a sua finalidade primeira. Deus visita uma ferida da vida ao fortalecer a pessoa, sem necessariamente devolver-lhe uma saúde boa, mas mostrando-lhe algo da ordem de sua identidade própria, a saber: o sentido de sua existência, a luz sobre sua identidade sexual (a dignidade de seu ser de homem ou de mulher), com a felicidade íntima que daí decorre; ou, ainda, a vocação, quer dizer, aquelas potencialidades que a pessoa já tem para tornar a sua vida fecunda.

Aí se situa de maneira toda especial a "restauração" de uma ferida da vida, isto é, a descoberta de sua própria fecundidade, seja qual for o domínio dela.

O testemunho de Sílvia é notável a respeito: ela pôde começar a desenvolver a sua fecundidade na realização de um projeto audacioso, de tipo humanitário, e que já produz frutos magníficos. É verdade que a vida humana comporta nela mesma um poder de dom de si e de generosidade que pede que seja expresso.

No tocante à história de Genoveva, deixei, propositalmente, de dizer que ela encontrava "seu caminho" na expressão de uma maternidade ampliada na ajuda a pessoas aflitas, às quais, com a ajuda de seu marido, ela se deixou enviar, e desenvolvia aí uma grande fecundidade na ordem da compaixão.

Quanto a Cirilo, casado e pai de dois filhos, certamente se tornou um excelente pai de família, mas preocupa-se também em ajudar numerosos casais em dificuldade, junto dos quais exerce um impacto reconciliador notável.

E o que dizer de Caetano, que, com sua esposa, tornou-se responsável por um grupo de adoração, ao qual afluem todo tipo de pessoas em dificuldade por causa da graça de paz e de vida que emana da oração desse grupo?

Diante da ferida da vida, acaso é preciso mais que uma graça espiritual de ressurreição para dar testemunho que, de fato, Cristo é o caminho, a verdade e a vida?

15

Cura: novidade na aurora do terceiro milênio?

Quando o Espírito Santo concede curas, trata-se antes de tudo de sinais da ternura de Deus e de sua misericórdia!

O sinal implica sempre uma orientação, até uma mensagem da parte do Senhor.

Qual é a mensagem da cura hoje? É fundamentalmente diferente da do ano 33 ou do ano 1000 de nossa era? Claro que não. Mas tem acentos particulares ligados a esse começo do terceiro milênio, no qual entramos recentemente e que nos abre horizontes extraordinários.

São alguns desses acentos que concluirão esta obra e provocar-nos-ão — espero — a crer como nunca no poder de cura do Cristo ressuscitado.

PARA O TESTEMUNHO

Os sinais de cura destinam-se ao testemunho. Dito de outro modo: o beneficiário de uma cura operada pelo Senhor não é proprietário dessa graça. É convidado a tornar-se sua testemunha. Testemunhar não significa necessariamente aparecer em público para contar a graça recebida. O testemunho público (em grande assembléia) certamente é precioso, mas pouco freqüentemente possível. Mas o testemunho junto aos próximos ou dado oportunamente em encontros e com a finalidade de consolação ou de fortalecimento na fé é portador de um poder misteriosamente ligado à graça da cura recebida.

Mais do que nunca, nosso mundo tem necessidade de testemunhos autênticos, da cura enquanto tal, mas daquele que ama e que cura: o Cristo Vivo, que se torna "encontrável" e, portanto, acessível a quem estende a mão ou lhe abre o coração.

Somos invadidos por testemunhas pouco confiáveis, mesmo se algumas sabem atrair a atenção ao jogar com a sensibilidade e o sofrimento de seus contemporâneos.

Por que falar da falta de confiabilidade? A maioria das testemunhas de hoje dão testemunho apenas de si mesmas, como se a experiência que testemunham fosse "normativa". Ora, o cristão não é chamado a dar testemunho de si mesmo, mas daquele que encontrou e que o envia ao mundo para nele ser fonte de luz. Uma pessoa curada pelo Senhor é uma autêntica testemunha potencial do poder de amor de Cristo, através da cura recebida. No sentido cristão, dar testemunho já é evangelizar, difundir em torno de si uma verdade, às vezes simples, suscetível de atrair os corações para o Deus da Verdade.

A graça da cura — entre outras graças do Espírito Santo — está a serviço do testemunho, porque tem um alcance evangelizador. Pode tocar os corpos e os corações por uma espécie de prolongamento dela mesma tornado possível pelo testemunho.

Diante das muitas ilusões de cura, um pouco por toda parte mediatizadas e que lançam confusão em muitos espíritos, o testemunho de uma cura autêntica pelo amor de Cristo lembra ao mundo circundante que nosso Deus está vivo, presente a atuante em toda a existência humana que ousa voltar-se para ele.

Acontece até que o Senhor permite modalidades particulares de cura a fim (entre outros) de favorecer o impacto do testemunho.

Um dos mais belos sinais de cura realizados por Cristo através do ministério de padre Regimbal (já citado) é o de Paulo. Com 63 anos, Paulo, grande fumante, está há alguns meses com bronquite em cima de bronquite e tosse continuamente, deixando inquieta sua esposa Jacinta, que o anima a fazer uma consulta. É dado um diagnóstico de "bronquite crônica" pelos médicos, os quais prescrevem, no entanto, um raio X do pulmão para controle. O resultado é pavoroso: um tumor de oito centímetros de diâmetro localizado bem no meio do pulmão direito. É um câncer já avançado.

É grande a aflição no seio da família; e Jacinta, membro de um grupo de oração carismático católico, vai falar com padre Regimbal para pedir a ele que reze por seu marido, o que ele promete fazer cada dia.

Decide-se fazer uma delicada intervenção cirúrgica; proximamente será tirada uma boa parte do pulmão, sem certeza de que o câncer seja inteiramente extirpado. Para falar a verdade, o prognóstico é muito sombrio, e os médicos não ousam dizê-lo a Paulo.

Paulo é hospitalizado em vista da operação, e Jacinta está angustiada. Ela volta a falar com padre Regimbal para pedir que ele venha rezar por seu marido no hospital antes da intervenção. Ele aceita, garantindo que, durante a oração, todo o grupo se unirá à intercessão. Na véspera da operação, padre Regimbal faz uma visita a Paulo no seu quarto de hospital e reza sobre ele, impondo-lhe as mãos com fervor. Surgiu uma convicção em seu coração: a cura física está dada, mesmo se não há no momento nenhum meio seguro de verificação.

Na manhã seguinte, Paulo sentiu-se um pouco melhor e comunicou essa sensação ao cirurgião antes de entrar na sala de operação. Perplexo, o médico pediu uma radiografia de controle e constatou, então, com toda a sua equipe, que, na chapa, o tumor tinha diminuído de volume. Tinha cerca de cinco centímetros de diâmetro. Na dúvida, o mesmo cirurgião pediu outra radiografia do pulmão meia hora mais tarde: o tumor diminuíra mais! Tinha cerca de três centímetros. No final da manhã, diante de uma equipe médica estupefata, não existia mais tumor na radiografia!

Paulo balbuciou algumas palavras de testemunho quanto à oração da véspera; mas as chapas foram ainda mais eloqüentes que suas palavras. Toda a equipe se converteu a Cristo, assim como outros profissionais da saúde que souberam da novidade.

Prova por A + B do poder do testemunho.

PARA A NOVA EVANGELIZAÇÃO

Parece, portanto, que os sinais de cura estão ligados à atividade de evangelização da Igreja. Nesse sentido nunca faltaram na vida da Igreja, embora em alguns períodos da história tenham sido assunto de controvérsia lamentável.

Mas hoje, na aurora do terceiro milênio, o ímpeto da evangelização é mais dinâmico do que nunca e a Igreja nos convida a participar — especialmente os jovens — com todas as nossas potencialidades, mas também com toda a nossa fraqueza. É a nova evangelização, defendida e profetizada por João Paulo II. Esta nova evangelização apela para uma nova inventividade mais ampla, mais desenvolvida, e os sinais de cura podem constituir poderosos apoios a tal dimensão evangelizadora renovada, de modo particular diante de uma humanidade mais doente, mais machucada, mais sofredora do que nunca, e isso apesar dos inegáveis progressos da ciência.

Dispor-se à nova evangelização pode incluir um pedido de efusão do Espírito Santo com a multiplicação de seus numerosos carismas. E por que não os de cura?

Em janeiro de 2000, eu estava na paróquia de São Luís, na Ilha da Reunião, para animar uma celebração pelos doentes. A grande igreja do lugar podia acolher 5 mil pessoas e estava cheia de gente, sendo que algumas centenas delas ficaram do lado de fora devido ao grande número. A assembléia estava tão "apertada" que parecia faltar o oxigênio, o que não impediu que a multidão se mantivesse "comportada" na igreja durante três horas e meia.

Muitas pessoas estavam lá por curiosidade, tendo vindo mais para um espetáculo que para uma celebração, muitas vezes perdidas nos caminhos de uma religiosidade duvidosa. Pedíamos ao Senhor um sinal de cura particularmente eloqüente para "mudar" os corações e converter aqueles que, naquela assembléia, estavam longe de Deus.

Josiane estava lá, com 42 anos, inteiramente paralisada em todo o corpo devido a uma espondiartrite ancilosante que a deixava rija e paralítica havia cerca de dez anos. Ela lembrava estranhamente a mulher encurvada dos evangelhos.

Durante a oração de cura, todos puderam vê-la erguer-se lentamente de sua cadeira de rodas, ficar de pé e começar a andar. Muitos a conheciam e tinham observado a sua incapacidade havia muito tempo. Viram-na avançar normalmente pelo corredor central até o altar. Foi uma agitação geral. Ocorria o sinal de cura inesperado, com seu poder de evangelização manifesto.

Quando convidei aqueles que tinham talismãs, amuletos, objetos ligados a práticas mágicas, e até maconha, com eles, a darem-nos ao Senhor em sinal de conversão ao Cristo ressuscitado, centenas de pessoas encaminharam-se ao altar para renunciar aos diversos "laços espirituais", insalubres, e dar testemunho de sua vontade de mudar de vida para Deus.

O testemunho de Josiane mexera com eles a ponto de decidirem mudar de vida e "consertarem-na".

Os mais céticos dirão que, sem dúvida, alguns meses mais tarde, a maioria teria voltado aos seus extravios. Não foram os ecos que chegaram até mim depois. Ademais, mesmo que uma só pessoa tivesse realmente se convertido com o testemunho de Josiane, ela teria sido o verdadeiro sinal da vitória de Cristo sobre o mundo.

Hoje, mais do que nunca, diante de uma aflição cada vez mais generalizada, especialmente entre os jovens, o sinal de cura fala ao coração, incitando-os a dar de novo sentido à sua existência voltando-se generosamente para o Cristo ressuscitado.

PARA ESPERAR CONTRA TODA ESPERANÇA

A cura no poder do Espírito Santo é sinal de uma verdade terrivelmente atual: tem-se razão de se esperar em Deus!

Na aurora do terceiro milênio, os maiores sofrimentos talvez não sejam os do corpo nem mesmo os do psiquismo. Situam-se no nível do espírito do ser humano. Nessa perspectiva as novas gerações sofrem muito mais do que as precedentes. Fala-se cada vez mais de doenças "noogênicas", quer dizer: aquelas que têm origem no espírito humano, embora possam tomar formas psicológicas, psiquiátricas ou até orgânicas.[1]

Uma onda de desespero cobre a nossa humanidade, pelo menos nos países mais "ricos". Parece que a humanidade não tem consciência disso. No entanto as taxas de suicídio entre os jovens são mais altas nos países mais ricos e "protegidos" (particularmente no Canadá), e as sociedades mais modernas e mais "liberadas" consomem quantidades astronômicas de medicamentos antidepressivos ou ansiolíticos (a França na frente).

---

[1] A doença noogênica, ancorada no espírito humano, alimenta-se de uma carência maior de sentido da existência ou de um narcisismo abusivo, que se tornou intolerável para a natureza humana.

A ferida da vida, tal como evocada nesta obra, torna-se cada vez mais o lugar das grandes curas ou, melhor, das grandes ressurreições (no sentido definido anteriormente), sem negar a importância das curas físicas ou psicológicas tão necessárias.

Encoberta por uma insidiosa cultura de morte, nossa consciência coletiva se compromete com o desespero e por isso, de algum modo, com a morte.

A dinâmica de cura pelo poder divino, por seu testemunho, bem como por sua ação na vida do ser humano, nos fornece gratuitamente ao mesmo tempo a razão e a força de esperar contra toda esperança. Ela está atuante hoje como ontem, hoje mais do que ontem, diante de um desespero latente que gera tantos males em nossa terra.

Ao contemplar o doloroso espetáculo de todos os que sofrem, a Igreja se dirige ao seu Senhor, como as irmãs de Lázaro — Marta e Maria de Betânia —, que interpelam Jesus no Evangelho. Elas rezam na esperança: "Senhor, aquele que amas está doente" (Jo 11,3). Os sinais de cura, que se tem razão de esperar, são dados para que se saiba que Deus escuta, consola, se compadece e salva da morte.

Esses sinais contribuem para fortalecer os seres humanos de nosso tempo nessa exortação conclusiva de João Paulo II na sua carta apostólica *Novo millennio ineunte*:[2]

> *Duc in altum!* Vamos em frente na esperança! Um novo milênio se abre diante da Igreja como um vasto oceano no qual aventurar-se, contando com a ajuda de Cristo. O Filho de Deus, que se encarnou há 2 mil anos por amor aos seres humanos, realiza a sua obra ainda hoje. Devemos ter um olhar penetrante para vê-la e, sobretudo, devemos ter o coração grande para nós mesmos nos tornarmos os seus artífices.

---

[2] Carta apostólica de 20 de janeiro de 2001, do papa João Paulo II, no final do grande jubileu do ano 2000. [Ed. bras.: *No início do novo milênio*. São Paulo, Paulinas, 2001. Col. A voz do papa, n. 180.]

Sumário

Prefácio 7

1. Deus "ainda" cura...? 11
   "Fora do comum"? 12
   Um monopólio da Renovação Carismática? 14
   É Jesus quem cura! 17

2. Temos o "direito" de encorajar a esperar uma cura? 23
   Uma "instrução" para a oração de cura 25
   O "Jesus médico" dos evangelhos 29

3. Quais as condições para ser curado? 35
   O mistério da cura verdadeira 37
   Deus é misericórdia... 40
   Resistências à graça da cura? 42
   Os pequenos começos 47
   Qual a prova de que Deus curou? 50
   O sentido da cura 53
   Prova de Deus ou sinal de sua misericórdia? 54
   A questão da gratuidade...56
   Os sinais messiânicos de cura 57
   Por que "messiânicas"? 59

4. Por que Deus curaria? 63
   Os sinais no Evangelho e na nossa existência 64
   Um leque inaudito de curas 72
   Os decretos da sabedoria..74
   Cura e salvação 75

5. "A hora de Deus" para a cura? 79
Hoje é o tempo favorável 81
Seus pensamentos não são os nossos pensamentos 83
Qual é minha hora, Senhor? 85

6. Se Deus é todo-poderoso, por que o sofrimento? 89
Meu Deus, por quê? 89
Não tenha medo, tenha confiança! 91
Poder divino e poder humano 92
Vinde a ele 95
O sofrimento, caminho de cura? 99

7. Onde e como rezar para alcançar a cura 103
Peça e receberá 106
Adaptar a oração de cura ao seu contexto 107
A assembléia de oração 111
O acompanhamento de cura 113
Gratuidade dos dons de Deus 116

8. A arte de pedir a cura a Deus 119
O pedido filial 120
Pedir a vontade de Deus 125
Audácia do pedido 127

9. Que pensar do carisma da cura? 131
Pesquisa sobre os carismas 131
Como se recebe um carisma? 134
Gerir o seu carisma 140
Convergência de carismas 143

10. É preciso ter fé para ser curado? 147
Qual fé para a cura? 147
Os carregadores da maca 151
A fé de Cristo 155
O carisma da fé 156
Cura e crescimento da fé 160

11. Por que Deus faz esperar? 165
O Deus de cinco para meio-dia 165
A esperança nem sempre é verdadeira esperança 170
A ressurreição de Lázaro, parábola da "demora de Deus" 174
E mais misteriosamente ainda... 176

12. Que é uma "palavra de cura"? 181
Um agir carismático profético 181
Carisma de conhecimento e ministério da cura 184
Palavra de conhecimento imediato e reconciliação 185
Variações sobre a palavra de conhecimento imediato 187
Interpelação carismática e liberdade humana 191

13. Libertação: a cura diante das forças do Mal 195
Que nos dizem as Escrituras 196
A noção de alienação espiritual maligna 202

14. Primícias da ressurreição? 213
Por que uma ferida da vida? 218

15. Cura: novidade na aurora do terceiro milênio? 223
Para o testemunho 223
Para a nova evangelização 226
Para esperar contra toda esperança 228

Impresso na gráfica da
Pia Sociedade Filhas de São Paulo
Via Raposo Tavares, km 19,145
05577-300 - São Paulo, SP - Brasil - 2008